NUTZUNG VON KI IM ALLTAG

Ein praktischer Leitfaden

Alexander Peschl

Urheberrecht © 2024 [Alexander Peschl].

Hinweis auf Rechte

Alle Rechte vorbehalten. Keine Teile dieses Buches dürfen ohne vorherige schriftliche Genehmigung des Autors in irgendeiner Form oder auf irgendeine Weise reproduziert, gespeichert in einem Abrufsystem oder übertragen werden, sei es elektronisch, mechanisch, durch Fotokopien, Aufzeichnungen oder anderweitig.

Haftungsausschluss

Die Informationen in diesem Buch dienen nur zu allgemeinen Informationszwecken. Der Autor übernimmt keine Verantwortung für Fehler oder Auslassungen oder für Ergebnisse, die aus der Verwendung dieser Informationen resultieren. Alle Informationen werden ohne Mängelgewähr bereitgestellt. Der Autor haftet nicht für Verluste oder Schäden, die durch die Nutzung der in diesem Buch enthaltenen Informationen entstehen.

Inhaltsverzeichnis

1. Einführung — 1
2. Was ist künstliche Intelligenz — 5
3. KI-Werkzeuge und -Anwendungen im Alltag — 10
    a. Sprachassistenten — 10
    b. Automatisierung von Aufgaben — 12
    c. Smart Home Geräte — 14
4. Produktivität steigern mit KI — 17
    a. Aufgabenmanagement — 17
    b. Kalender- und E-Mail-Management — 20
5. Smart Home und KI — 24
    a. Geräte und Anwendungen — 24
    b. Automatisierung und Energieeffizienz — 29
6. Gesundheit und Fitness — 49
    a. Gesundheitsüberwachung — 49
    b. KI-gestützte Fitness-Apps — 56
7. Sicherheit und Datenschutz — 68
    a. Verantwortungsbewusste Nutzung von KI — 77
8. KI in der persönlichen Finanzenverwaltung — 96
    a. Budgetierung und Finanzplanung — 99
    b. Investitionen und Sparen — 106
    c. Kreditmanagement — 111
9. KI in der Reiseplanung — 119
    a. Reisebuchung — 123
    b. Routenplanung — 128

		c. Reiseführer	134
10.		KI im Einkaufserlebnis	141
	a.	Einkaufsassistenten	144
	b.	Preisvergleiche	150
	c.	Lieferdienste	155
11.		KI in der sozialen Interaktion	161
	a.	Social Media Management	165
	b.	Kommunikationsassistenten	170
	c.	Beziehungsmanagement	175
12.		KI in der Unterhaltung	184
	a.	Personalisierte Medienempfehlungen	187
	b.	Gaming	192
	c.	Virtuelle Assistenten	197
13.		KI im Haushalt	204
	a.	Hausautomation	208
	b.	Sicherheitsüberwachung	214
14.		KI bei der Bildung zu Hause	222
	a.	Lern-Apps	225
	b.	Kinderbetreuung	230
	c.	Bildungsressourcen	235
15.		KI für nachhaltiges Leben	242
	a.	Energieverbrauch	245
	b.	Mülltrennung	251
	c.	Nachhaltiger Konsum	257

16.	Schlussfolgerung		265
	a. Zusammenfassung der wichtigsten Punkte		265
	b. Ausblick auf die zukünftige Entwicklung		268

Einführung

Was ist Künstliche Intelligenz (KI) und warum ist sie wichtig?

Künstliche Intelligenz (KI) bezeichnet die Fähigkeit von Maschinen, Aufgaben auszuführen, die normalerweise menschliche Intelligenz erfordern. Dazu gehören das Verstehen natürlicher Sprache, das Erkennen von Bildern, das Treffen von Entscheidungen und das Lernen aus Erfahrungen. Ein einfaches Beispiel ist Ihr Smartphone-Assistent wie Siri oder Google Assistant, der Ihre Sprachbefehle versteht und darauf reagiert.

Warum ist KI wichtig?

Verbesserte Effizienz: KI kann Prozesse automatisieren, was die Effizienz steigert und Fehler reduziert. Beispielsweise können Chatbots im Kundenservice rund um die Uhr arbeiten und schnell auf Anfragen reagieren. In der Produktion können Roboter Aufgaben übernehmen, die präzise und gleichmäßig ausgeführt werden müssen, was die Produktivität erhöht und gleichzeitig die Kosten senkt.

Neue Möglichkeiten: KI eröffnet neue Möglichkeiten in verschiedenen Bereichen wie Medizin, Landwirtschaft, Transport und mehr. Zum Beispiel kann KI in der Medizin helfen, Krankheiten frühzeitig zu erkennen und personalisierte Behandlungspläne zu erstellen. In der Landwirtschaft kann KI eingesetzt werden, um Ernteerträge zu optimieren und Ressourcen effizienter zu nutzen.

Datenanalyse: KI kann große Datenmengen analysieren und daraus wertvolle Erkenntnisse gewinnen, die für Unternehmen und Wissenschaftler von großer Bedeutung sind. Diese Analysen können dazu beitragen, Markttrends vorherzusagen, wissenschaftliche Durchbrüche zu erzielen und politische Entscheidungen zu unterstützen.

Personalisierung: KI ermöglicht die Personalisierung von Produkten und Dienstleistungen. Durch die Analyse von Benutzerverhalten und -präferenzen können Unternehmen maßgeschneiderte Empfehlungen und personalisierte Erfahrungen bieten, was die Kundenzufriedenheit und -bindung erhöht.

Sicherheit und Prävention: In der Cybersicherheit kann KI helfen, Bedrohungen in Echtzeit zu erkennen und zu verhindern. Durch die Analyse von Netzwerkverkehrsmustern kann KI Anomalien und potenzielle Sicherheitslücken identifizieren, bevor sie ausgenutzt werden.

Kurze Geschichte der KI und ihre Entwicklung

Die Geschichte der KI beginnt in den 1950er Jahren. Hier sind einige der wichtigsten Meilensteine:

1950er Jahre: Der Begriff "Künstliche Intelligenz" wurde erstmals 1956 bei einer Konferenz am Dartmouth College verwendet. Einer der Pioniere war Alan Turing, der die Idee vorstellte, dass Maschinen denken können. Turings berühmter Turing-Test prüft, ob eine Maschine intelligentes Verhalten zeigen kann, das von dem eines Menschen nicht zu unterscheiden ist.

1960er-1970er Jahre: In dieser Zeit wurden die ersten einfachen KI-Programme entwickelt, die Schach spielen oder mathematische Probleme lösen konnten. Forscher erkannten jedoch bald die Grenzen dieser frühen Systeme. Die Entwicklung von Programmen wie ELIZA, einem frühen Chatbot, und SHRDLU, einem Programm zur Verarbeitung natürlicher Sprache, zeigte die Potenziale und Grenzen der KI dieser Ära.

1980er Jahre: Mit der Einführung von Expertensystemen, die Wissen von menschlichen Experten in Computern speicherten, machte die KI bedeutende Fortschritte. Diese Systeme konnten in spezifischen Bereichen wie Medizin oder Finanzen Entscheidungen treffen. Beispiele hierfür sind MYCIN, ein medizinisches Diagnoseprogramm, und DENDRAL, ein chemisches Analyseprogramm.

1990er Jahre: Ein wichtiger Meilenstein war 1997, als der Schachcomputer Deep Blue den Weltmeister Garry Kasparov besiegte. Dies zeigte die Leistungsfähigkeit moderner KI-Systeme. In dieser Zeit begannen auch die Entwicklungen im Bereich des maschinellen Lernens, bei dem Computer durch Daten und Erfahrungen lernen können, ohne explizit programmiert zu werden.

2000er Jahre bis heute: Die Entwicklung von maschinellem Lernen und neuronalen Netzen hat die KI revolutioniert. Heutige KI-Systeme können lernen, sich anpassen und sogar kreative Aufgaben ausführen. Anwendungen wie Sprachassistenten, selbstfahrende Autos und personalisierte Werbung sind aus unserem Alltag nicht mehr wegzudenken. Fortschritte in der Verarbeitung natürlicher Sprache (NLP) und Computer Vision haben die Fähigkeiten von KI-Systemen weiter verbessert und ihre Anwendungsmöglichkeiten erweitert.

Zukunftsperspektiven: KI wird weiterhin an Bedeutung gewinnen und in immer mehr Bereiche unseres Lebens vordringen. Von der Gesundheitsversorgung über das Bildungswesen bis hin zur Unterhaltungsindustrie – die Möglichkeiten sind nahezu unbegrenzt. Künftige Entwicklungen könnten die Schaffung von noch intelligenteren und autonomeren Systemen umfassen, die in der Lage sind, komplexere Aufgaben zu bewältigen und menschenähnliche Fähigkeiten zu entwickeln.

KI ist ein faszinierendes und schnell wachsendes Feld, das unser Leben auf viele Arten verbessert und verändert. Es ist wichtig, diese Technologie zu verstehen und verantwortungsvoll zu nutzen, um ihre Vorteile voll ausschöpfen zu können. Indem wir uns mit den Grundlagen und der Geschichte der KI vertraut machen, können wir besser einschätzen, wie diese Technologie unsere Zukunft prägen wird.

Kapitel 1: Was ist Künstliche Intelligenz?

Künstliche Intelligenz (KI) ist ein faszinierendes Feld, das in den letzten Jahrzehnten erhebliche Fortschritte gemacht hat und zunehmend in unserem täglichen Leben präsent ist. Doch was genau ist KI, und welche grundlegenden Konzepte stecken dahinter? In diesem Kapitel werden wir uns damit befassen, was Künstliche Intelligenz ist, ihre grundlegenden Konzepte und den Unterschied zwischen schwacher und starker KI erklären.

Grundlegende Konzepte der KI

Definition von Künstlicher Intelligenz

Künstliche Intelligenz ist die Fähigkeit von Maschinen, Aufgaben auszuführen, die normalerweise menschliche Intelligenz erfordern. Dazu gehören das Verstehen natürlicher Sprache, das Erkennen von Bildern, das Treffen von Entscheidungen und das Lernen aus Erfahrungen. Im Wesentlichen geht es darum, Computer so zu programmieren, dass sie Probleme auf eine Weise lösen können, die als "intelligent" angesehen wird.

Maschinelles Lernen (ML)

Ein zentraler Bestandteil der KI ist das maschinelle Lernen. Maschinelles Lernen ist ein Bereich der KI, der sich darauf konzentriert, Computern die Fähigkeit zu geben, aus Daten zu lernen und sich im Laufe der Zeit zu verbessern, ohne explizit programmiert zu werden. Es gibt drei Haupttypen des maschinellen Lernens:

Überwachtes Lernen: Hierbei lernt der Computer aus einem Trainingsdatensatz, der Eingabedaten und die entsprechenden Ausgabedaten enthält. Der Computer erstellt ein Modell, das Vorhersagen oder Entscheidungen basierend auf neuen Eingaben treffen kann. Ein Beispiel wäre die Klassifikation von E-Mails in "Spam" und "Nicht-Spam".

Unüberwachtes Lernen: Bei dieser Methode gibt es keinen Trainingsdatensatz mit bekannten Ausgaben. Der Computer versucht, Muster oder Strukturen in den Eingabedaten zu erkennen. Ein Beispiel ist die Clusteranalyse, bei der der Computer Datenpunkte in Gruppen mit ähnlichen Eigenschaften einteilt.

Bestärkendes Lernen: Hier lernt der Computer durch Versuch und Irrtum. Er erhält Belohnungen oder Strafen basierend auf seinen Handlungen und lernt so, welche Aktionen zu den besten Ergebnissen führen. Ein bekanntes Beispiel ist der Einsatz von KI in Videospielen, wo die KI lernt, das Spiel optimal zu spielen.

Neuronale Netze
Neuronale Netze sind ein weiteres fundamentales Konzept der KI. Sie sind von der Struktur des menschlichen Gehirns inspiriert und bestehen aus vielen miteinander verbundenen Neuronen. Jedes Neuron erhält Eingaben, verarbeitet sie und gibt eine Ausgabe weiter. Diese Netze können lernen, komplexe Muster und Beziehungen in Daten zu erkennen. Neuronale Netze

sind die Grundlage für viele moderne KI-Anwendungen, einschließlich Bild- und Spracherkennung.

Deep Learning
Deep Learning ist eine Unterkategorie des maschinellen Lernens und bezieht sich auf die Verwendung großer neuronaler Netze mit vielen Schichten (daher "deep" für tief). Diese tiefen Netzwerke sind besonders gut darin, komplexe Muster in großen Datenmengen zu erkennen. Anwendungen des Deep Learning umfassen selbstfahrende Autos, die lernen, Verkehrsschilder zu erkennen und auf die Umgebung zu reagieren, sowie Sprachassistenten wie Siri und Alexa, die natürliche Sprache verstehen und darauf reagieren können.

Natürliche Sprachverarbeitung (NLP)
Die natürliche Sprachverarbeitung ist ein Bereich der KI, der sich mit der Interaktion zwischen Computern und menschlicher Sprache beschäftigt. Ziel ist es, Maschinen zu ermöglichen, menschliche Sprache zu verstehen, zu interpretieren und darauf zu reagieren. Dies umfasst Anwendungen wie Sprachübersetzung, Spracherkennung und die Verarbeitung natürlicher Sprache in Chatbots.

Unterschied zwischen schwacher und starker KI
Schwache KI (Weak AI)
Schwache KI, auch bekannt als enge KI (Narrow AI), ist auf spezifische Aufgaben spezialisiert und kann nur in den Bereichen operieren, für die sie entwickelt wurde. Ein Beispiel für schwache KI ist ein Schachcomputer, der

hervorragend Schach spielen kann, aber nichts anderes versteht oder kann. Schwache KI-Systeme sind darauf ausgelegt, bestimmte Probleme zu lösen, und haben keine allgemeine Intelligenz oder Bewusstsein.

Starke KI (Strong AI)

Starke KI, auch bekannt als allgemeine KI (Artificial General Intelligence, AGI), bezieht sich auf Maschinen, die die Fähigkeit besitzen, jegliche intellektuelle Aufgabe zu erledigen, die ein Mensch erledigen kann. Eine starke KI wäre in der Lage, zu denken, zu verstehen und zu lernen, ähnlich wie ein Mensch. Diese Art von KI existiert derzeit noch nicht und bleibt ein theoretisches Konzept. Starke KI würde nicht nur in einem Bereich, sondern in vielen verschiedenen Bereichen gleichzeitig operieren können und dabei auch menschliche Emotionen und Erfahrungen nachvollziehen können.

Aktueller Stand der Forschung

Obwohl wir in der Praxis hauptsächlich schwache KI-Systeme verwenden, gibt es erhebliche Anstrengungen in der Forschung, um starke KI zu entwickeln. Forscher arbeiten daran, Maschinen zu schaffen, die menschenähnliche Intelligenz besitzen. Dies erfordert jedoch Durchbrüche in verschiedenen Bereichen wie maschinellem Lernen, neuronalen Netzen und kognitiver Wissenschaft. Einige der Herausforderungen umfassen das Verständnis und die Nachbildung menschlicher Intuition, Kreativität und emotionale Intelligenz.

Ethik und Verantwortung in der KI

Mit der zunehmenden Verbreitung von KI-Technologien kommen auch ethische und gesellschaftliche Fragen auf. Wie stellen wir sicher, dass KI verantwortungsvoll genutzt wird? Welche Auswirkungen hat KI auf Arbeitsplätze und die Wirtschaft? Wie gehen wir mit Fragen des Datenschutzes und der Sicherheit um? Diese Fragen sind wichtig, um sicherzustellen, dass die Entwicklung und Nutzung von KI der Gesellschaft als Ganzes zugutekommt.

Zusammenfassung

Künstliche Intelligenz ist ein breites und faszinierendes Feld, das die Fähigkeit von Maschinen beschreibt, Aufgaben auszuführen, die normalerweise menschliche Intelligenz erfordern. Die grundlegenden Konzepte der KI umfassen maschinelles Lernen, neuronale Netze, Deep Learning und die natürliche Sprachverarbeitung. Der Unterschied zwischen schwacher und starker KI liegt in ihrer Spezialisierung und Fähigkeit zur allgemeinen Intelligenz. Während schwache KI auf spezifische Aufgaben beschränkt ist, bleibt starke KI ein theoretisches Ziel, das Forscher weltweit verfolgen. Die Entwicklung und Nutzung von KI bringt jedoch auch ethische und gesellschaftliche Herausforderungen mit sich, die sorgfältig berücksichtigt werden müssen.

Kapitel 2: KI-Werkzeuge und -Anwendungen im Alltag

Künstliche Intelligenz (KI) hat sich zu einem festen Bestandteil unseres täglichen Lebens entwickelt. Sie erleichtert viele Aufgaben und macht unseren Alltag effizienter und bequemer. In diesem Kapitel werden wir uns einige der wichtigsten KI-Tools und -Anwendungen im Alltag ansehen: Sprachassistenten, die Automatisierung von Aufgaben und Smart Home Geräte. Diese Technologien haben das Potenzial, unser Leben grundlegend zu verändern und zu verbessern.

Sprachassistenten: Nutzung von Alexa, Google Assistant und Siri

Sprachassistenten sind KI-basierte Anwendungen, die natürliche Sprache verstehen und darauf reagieren können. Die bekanntesten Sprachassistenten sind Amazons Alexa, Googles Assistant und Apples Siri. Sie ermöglichen es uns, eine Vielzahl von Aufgaben einfach durch Sprachbefehle zu erledigen.

Alexa

Amazon Alexa ist ein Sprachassistent, der auf den Amazon Echo-Geräten läuft. Mit Alexa können Benutzer eine Vielzahl von Aufgaben durchführen, wie zum Beispiel Musik abspielen, Wetterinformationen abrufen, Einkaufslisten erstellen und Smart Home Geräte steuern. Alexa kann auch Skills herunterladen, die ihre Fähigkeiten erweitern, zum Beispiel durch das Hinzufügen von Spiele- oder Meditations-Apps.

Google Assistant

Google Assistant ist auf vielen Android-Geräten und Google Home Lautsprechern verfügbar. Ähnlich wie Alexa kann Google Assistant auf Sprachbefehle reagieren und eine Vielzahl von Aufgaben erledigen. Dazu gehören das Senden von Nachrichten, das Abrufen von Wegbeschreibungen, das Stellen von Erinnerungen und das Beantworten von Fragen durch die Nutzung der Google-Suchmaschine.

Siri

Siri ist der Sprachassistent von Apple und ist auf allen Apple-Geräten wie iPhones, iPads und Macs verfügbar. Siri kann Anrufe tätigen, Nachrichten senden, Apps öffnen und steuern, Musik abspielen und sogar komplexere Aufgaben wie das Planen von Terminen oder das Versenden von E-Mails übernehmen.

Anwendungsbeispiele

Musik und Unterhaltung: Sprachassistenten können Musikdienste wie Spotify oder Apple Music steuern, Radiosender abspielen und Podcasts wiedergeben. Sie können auch Fernseher und Streaming-Dienste steuern, um Filme oder Serien zu starten.

Informationen und Wissen: Benutzer können Sprachassistenten nach dem Wetter, Nachrichten, Sportergebnissen oder allgemeinen Informationen fragen. Die Antworten werden schnell und präzise geliefert, da die Assistenten auf riesige Datenbanken zugreifen können.

Produktivität: Sprachassistenten können Erinnerungen einstellen, Kalender verwalten, Einkaufslisten erstellen und To-Do-Listen führen. Dies hilft Benutzern, organisiert zu bleiben und ihre täglichen Aufgaben effizienter zu erledigen.

Smart Home Steuerung: Sprachassistenten können mit Smart Home Geräten verbunden werden, um Lichter, Thermostate, Sicherheitskameras und andere Geräte zu steuern. Mit einem einfachen Sprachbefehl können Benutzer das Licht einschalten, die Temperatur ändern oder die Tür verriegeln.

Automatisierung von Aufgaben: Beispiele wie IFTTT
IFTTT steht für "If This Then That" und ist ein Dienst, der verschiedene Anwendungen und Geräte miteinander verbindet, um automatisierte Workflows zu erstellen. Mit IFTTT können Benutzer einfache "Rezepte" oder "Applets" erstellen, die Aktionen basierend auf bestimmten Auslösern automatisch ausführen.

Wie funktioniert IFTTT?
IFTTT funktioniert nach dem Prinzip "Wenn dies, dann das". Benutzer wählen einen Auslöser (z.B. "Wenn ich eine E-Mail erhalte") und eine Aktion

(z.B. "Dann sende eine Benachrichtigung an mein Telefon"). Diese Applets können viele verschiedene Dienste und Geräte verbinden und automatisieren.

Beispiele für IFTTT-Applets

Smart Home: Ein beliebtes IFTTT-Applet könnte sein: "Wenn ich nach Hause komme (basierend auf meinem GPS-Standort), dann schalte die Lichter ein." Dies ermöglicht eine nahtlose Integration und Automatisierung von Smart Home Geräten.

Soziale Medien: Ein weiteres Beispiel ist: "Wenn ich ein neues Foto auf Instagram poste, dann speichere es automatisch in meinem Dropbox-Ordner." Dies hilft, Inhalte über verschiedene Plattformen hinweg zu synchronisieren und zu sichern.

Produktivität: "Wenn ich eine neue Aufgabe in meiner To-Do-Liste erstelle, dann füge sie meinem Google Kalender hinzu." Dies hält alle Aufgaben und Termine in Einklang und erleichtert das Management von Aufgaben.

Gesundheit und Fitness: "Wenn ich mein tägliches Schrittziel erreiche (gemessen durch meine Fitness-App), dann sende mir eine Belohnungs-E-Mail." Dies kann als Motivation dienen, gesund und aktiv zu bleiben.

Vorteile der Automatisierung

-**Zeiteinsparung:** Durch die Automatisierung wiederholter Aufgaben können Benutzer Zeit sparen und sich auf wichtigere Dinge konzentrieren.

-Effizienz: Automatisierte Prozesse reduzieren die Wahrscheinlichkeit von Fehlern und sorgen für eine reibungslose Ausführung von Aufgaben.

-Konsistenz: Automatisierung stellt sicher, dass Aufgaben immer auf die gleiche Weise und zur gleichen Zeit ausgeführt werden, was Konsistenz und Zuverlässigkeit erhöht.

Smart Home Geräte: Thermostate, Beleuchtungssysteme, Sicherheitssysteme

Smart Home Geräte nutzen KI, um das Zuhause komfortabler, sicherer und energieeffizienter zu machen. Diese Geräte können oft über Sprachassistenten oder spezielle Apps gesteuert werden.

Intelligente Thermostate

Intelligente Thermostate wie der Nest Thermostat von Google oder der Ecobee können die Temperatur im Haus automatisch anpassen, basierend auf den Vorlieben der Benutzer und den Wetterbedingungen. Sie lernen die Gewohnheiten der Bewohner und können Energie sparen, indem sie die Heizung oder Klimaanlage abschalten, wenn niemand zu Hause ist.

Beleuchtungssysteme

Smart-Home-Beleuchtungssysteme wie Philips Hue ermöglichen es Benutzern, die Beleuchtung in ihrem Zuhause zu steuern, zu dimmen und anzupassen. Diese Systeme können so programmiert werden, dass sie zu bestimmten Zeiten ein- oder ausgeschaltet werden, oder sie können auf

Bewegungen reagieren. Sie können auch mit Sprachassistenten verbunden werden, sodass Benutzer die Lichter mit ihrer Stimme steuern können.

Sicherheitssysteme
Intelligente Sicherheitssysteme umfassen Überwachungskameras, intelligente Türschlösser und Bewegungsmelder. Diese Geräte können Benachrichtigungen an das Smartphone des Benutzers senden, wenn ungewöhnliche Aktivitäten erkannt werden. Einige Systeme, wie die Ring Doorbell, ermöglichen es Benutzern, Besucher zu sehen und mit ihnen zu sprechen, selbst wenn sie nicht zu Hause sind.

Anwendungsbeispiele für Smart Home Geräte

Energieeffizienz: Intelligente Thermostate und Beleuchtungssysteme können dazu beitragen, den Energieverbrauch zu optimieren und die Stromrechnungen zu senken. Beispielsweise kann ein Thermostat die Heizung oder Klimaanlage ausschalten, wenn das Haus leer ist, und sie wieder einschalten, kurz bevor die Bewohner zurückkehren.

Komfort und Bequemlichkeit: Mit Smart Home Geräten können Benutzer ihre Umgebung an ihre Bedürfnisse anpassen, ohne sich bewegen zu müssen. Ein Sprachbefehl genügt, um das Licht zu dimmen, die Temperatur zu ändern oder Musik abzuspielen.

Sicherheit: Intelligente Sicherheitssysteme bieten einen erhöhten Schutz für das Zuhause. Überwachungskameras und intelligente Schlösser können potenzielle Eindringlinge abschrecken und den Bewohnern ein Gefühl der Sicherheit geben. Außerdem können Benutzer von überall auf der Welt auf ihre Sicherheitssysteme zugreifen und ihr Zuhause überwachen.

Integration: Die Fähigkeit, verschiedene Smart Home Geräte und Sprachassistenten zu integrieren, ermöglicht es Benutzern, ein vernetztes und koordiniertes Heim zu schaffen. Ein Szenario könnte sein: "Wenn ich den Wecker stelle, dann dimme die Lichter und stelle die Temperatur auf Schlafmodus."

Zusammenfassung
KI-Tools und -Anwendungen im Alltag bieten zahlreiche Vorteile und Möglichkeiten, unser Leben zu verbessern. Sprachassistenten wie Alexa, Google Assistant und Siri erleichtern uns den Zugang zu Informationen und die Steuerung von Geräten. Automatisierungstools wie IFTTT helfen uns, wiederholte Aufgaben zu automatisieren und unsere Produktivität zu steigern. Smart Home Geräte wie intelligente Thermostate, Beleuchtungssysteme und Sicherheitssysteme machen unser Zuhause komfortabler, sicherer und energieeffizienter. Durch die Integration dieser Technologien in unseren Alltag können wir Zeit sparen, unsere Effizienz steigern und ein vernetztes und intelligentes Zuhause schaffen.

Kapitel 3: Produktivität steigern mit KI

In der heutigen schnelllebigen Welt ist Zeitmanagement entscheidend, um sowohl beruflich als auch privat erfolgreich zu sein. Künstliche Intelligenz (KI) spielt dabei eine immer wichtigere Rolle und bietet Tools, die uns helfen, unsere Aufgaben effizienter zu verwalten und unsere Produktivität zu steigern. Zwei der beliebtesten Tools in diesem Bereich sind Todoist und Notion, die beide unterschiedliche, aber ergänzende Funktionen bieten, um den Arbeitsalltag zu erleichtern. Darüber hinaus können Automatisierungstechniken im Kalender- und E-Mail-Management erheblich zur Effizienzsteigerung beitragen.

Aufgabenmanagement mit Todoist und Notion
Todoist ist ein leistungsfähiges Aufgabenmanagement-Tool, das Ihnen hilft, den Überblick über Ihre täglichen Aufgaben zu behalten. Es bietet eine einfache und intuitive Benutzeroberfläche, die es leicht macht, Aufgaben hinzuzufügen, zu organisieren und zu verfolgen. Mit Todoist können Sie Aufgaben in verschiedene Projekte und Unteraufgaben unterteilen, was besonders nützlich ist, wenn Sie an mehreren Projekten gleichzeitig arbeiten. Außerdem können Sie Fälligkeitsdaten und Erinnerungen festlegen, sodass Sie keine wichtigen Termine oder Deadlines verpassen. Ein bemerkenswertes Feature von Todoist ist die Möglichkeit, Aufgaben nach Priorität zu sortieren. Sie können Aufgaben Prioritätsstufen zuweisen, sodass Sie sich zuerst auf die wichtigsten Aufgaben konzentrieren können. Dies hilft Ihnen, Ihre Zeit und Energie effizient zu nutzen. Darüber hinaus bietet Todoist eine Integration mit anderen Tools wie Google Kalender, wodurch Ihre Aufgaben automatisch mit

Ihrem Kalender synchronisiert werden und Sie eine ganzheitliche Übersicht über Ihre Verpflichtungen haben. Ein weiteres nützliches Feature von Todoist ist die Möglichkeit, wiederkehrende Aufgaben zu erstellen. Dies ist besonders hilfreich für regelmäßige Aufgaben wie wöchentliche Berichte oder tägliche Meetings. Sie können Aufgaben so einstellen, dass sie automatisch zu den von Ihnen festgelegten Zeiten in Ihrem Aufgabenplan erscheinen, was Ihnen hilft, organisiert zu bleiben und sicherzustellen, dass keine wichtigen Aufgaben übersehen werden.

Notion hingegen ist ein vielseitiges Organisationstool, das weit über das einfache Aufgabenmanagement hinausgeht. Notion bietet eine All-in-One-Arbeitsumgebung, in der Sie Notizen machen, Dokumente erstellen, Datenbanken verwalten und Projekte planen können. Es ist besonders nützlich für Teams, da es kollaborative Funktionen bietet, die es mehreren Benutzern ermöglichen, gleichzeitig an einem Projekt zu arbeiten. Mit Notion können Sie Arbeitsbereiche erstellen, die alle notwendigen Informationen und Ressourcen für ein Projekt enthalten, was die Zusammenarbeit und den Informationsaustausch erleichtert. Ein herausragendes Merkmal von Notion ist die Möglichkeit, Datenbanken zu erstellen und zu verwalten. Diese Datenbanken können für verschiedene Zwecke verwendet werden, wie z.B. zur Verwaltung von Projekten, zur Verfolgung von Aufgaben oder zur Organisation von Informationen. Notion bietet auch eine Vielzahl von Vorlagen, die Ihnen den Einstieg erleichtern und sicherstellen, dass Sie die besten Praktiken für das Projektmanagement anwenden.

Effizienzsteigerung durch Automatisierung

Beide Tools bieten Automatisierungsfunktionen, die Ihnen helfen, Zeit zu sparen und sich auf wichtigere Aufgaben zu konzentrieren. Mit Todoist können Sie wiederkehrende Aufgaben erstellen, die automatisch in Ihrem Aufgabenplan erscheinen. Dies ist besonders nützlich für regelmäßige Aufgaben wie wöchentliche Berichte oder tägliche Meetings. Notion bietet ebenfalls Automatisierungsfunktionen, wie z.B. die Möglichkeit, bestimmte Aktionen basierend auf Triggern auszuführen, was Ihnen hilft, Routineaufgaben zu minimieren.

Neben Aufgabenmanagement-Tools spielen auch Kalender- und E-Mail-Management eine wichtige Rolle bei der Steigerung der Produktivität. Ein gut organisierter Kalender ist entscheidend, um Termine, Meetings und Deadlines im Auge zu behalten. Kalender-Tools wie Google Kalender oder Microsoft Outlook bieten Integrationen mit KI, die es ermöglichen, Termine automatisch zu planen und zu verwalten. Zum Beispiel kann Google Kalender Ihre Meetings basierend auf den Verfügbarkeiten der Teilnehmer automatisch planen, was die Notwendigkeit manueller Terminabsprachen eliminiert.

Ein weiteres nützliches Feature ist die Möglichkeit, E-Mails automatisch in Ihren Kalender zu integrieren. Viele Kalender-Tools bieten Integrationen mit E-Mail-Clients, sodass E-Mails, die Termine oder Aufgaben enthalten, automatisch in Ihren Kalender importiert werden. Dies spart nicht nur Zeit, sondern stellt auch sicher, dass Sie keine wichtigen Informationen übersehen.

Im E-Mail-Management bietet KI ebenfalls viele Vorteile. E-Mail-Clients wie Gmail und Microsoft Outlook verwenden KI, um E-Mails zu sortieren und zu priorisieren. Zum Beispiel können wichtige E-Mails automatisch in den Hauptposteingang verschoben werden, während weniger wichtige E-Mails in separate Ordner sortiert werden. Dies hilft Ihnen, sich auf die wichtigen Nachrichten zu konzentrieren und Ihre E-Mails effizient zu verwalten.

Darüber hinaus können KI-Tools automatisch Antworten auf häufige E-Mails generieren. Diese Funktion, bekannt als Smart Reply, analysiert den Inhalt eingehender E-Mails und schlägt passende Antworten vor. Dies kann besonders nützlich sein, um schnell auf Routineanfragen zu reagieren und Zeit zu sparen. Für komplexere E-Mail-Antworten bietet die Funktion Smart Compose in Gmail beispielsweise Vorschläge für die Vervollständigung Ihrer Sätze, was das Verfassen von E-Mails beschleunigt und vereinfacht.

Kalender- und E-Mail-Management
Eine weitere wichtige Funktion ist die Integration von E-Mail-Management-Tools mit Aufgabenmanagement-Tools. Mit dieser Integration können Sie E-Mails direkt in Aufgaben umwandeln. Dies ist besonders nützlich, wenn Sie eine E-Mail erhalten, die eine Aktion oder ein Follow-up erfordert. Indem Sie die E-Mail in eine Aufgabe umwandeln, stellen Sie sicher, dass Sie keine wichtigen Aktionen vergessen und alle notwendigen Informationen an einem Ort haben.

Zusätzlich zur Automatisierung bieten viele Kalender- und E-Mail-Tools auch Analysemöglichkeiten, die Ihnen helfen, Ihre Produktivität zu überwachen und zu verbessern. Diese Tools können Berichte darüber erstellen, wie viel Zeit Sie für Meetings, E-Mails und andere Aufgaben aufwenden, und Ihnen Empfehlungen geben, wie Sie Ihre Zeit besser nutzen können. Zum Beispiel kann Ihnen ein Tool zeigen, dass Sie zu viele Meetings haben und mehr Zeit für konzentriertes Arbeiten benötigen.

Ein weiterer Vorteil der Integration von Kalender- und E-Mail-Management-Tools ist die Möglichkeit, Ihre Zeit besser zu planen und zu verwalten. Durch die Synchronisation Ihrer Aufgaben mit Ihrem Kalender können Sie sicherstellen, dass Sie genügend Zeit für jede Aufgabe haben und keine wichtigen Termine übersehen. Dies hilft Ihnen, Ihre Zeit effizienter zu nutzen und Ihre Produktivität zu steigern.

Zusammenfassend lässt sich sagen, dass KI-Tools wie Todoist und Notion sowie Kalender- und E-Mail-Management-Tools einen erheblichen Beitrag zur Steigerung der Produktivität leisten können. Diese Tools helfen Ihnen, Ihre Aufgaben effizienter zu verwalten, Routineaufgaben zu automatisieren und sich auf die wichtigen Aufgaben zu konzentrieren. Indem Sie diese Tools nutzen, können Sie nicht nur Ihre Zeit besser organisieren, sondern auch Ihre Arbeitsergebnisse verbessern und Stress reduzieren. Die Integration und Automatisierung von Aufgaben, Kalendern und E-Mails bieten Ihnen eine ganzheitliche Lösung, um Ihren Arbeitsalltag zu optimieren und Ihre Ziele effektiver zu erreichen.

Darüber hinaus bieten diese Tools auch Möglichkeiten zur Zusammenarbeit und Kommunikation innerhalb von Teams. Durch die gemeinsame Nutzung von Aufgabenlisten, Kalendern und Projektdaten können Teammitglieder effektiver zusammenarbeiten und sicherstellen, dass alle auf dem gleichen Stand sind. Dies fördert die Teamarbeit und verbessert die Effizienz des gesamten Teams.

Ein weiterer wichtiger Aspekt der Nutzung von KI-Tools ist die kontinuierliche Verbesserung und Anpassung. Viele dieser Tools bieten regelmäßige Updates und neue Funktionen, die auf den neuesten technologischen Fortschritten basieren. Dies stellt sicher, dass Sie immer die besten und effizientesten Werkzeuge zur Verfügung haben, um Ihre Produktivität zu maximieren.

Zusammengefasst bietet die Nutzung von KI-Tools im Aufgabenmanagement, Kalender- und E-Mail-Management zahlreiche Vorteile und Möglichkeiten, die Produktivität zu steigern und den Arbeitsalltag zu erleichtern. Durch die Automatisierung von Routineaufgaben, die Integration von Kalendern und E-Mails und die Nutzung von Analysetools können Sie Ihre Zeit effizienter nutzen, Ihre Arbeitsergebnisse verbessern und Stress reduzieren. Diese Tools bieten eine ganzheitliche Lösung, um Ihren Arbeitsalltag zu optimieren und Ihre Ziele effektiver zu erreichen.

Abschließend lässt sich sagen, dass KI-Tools wie Todoist und Notion sowie Kalender- und E-Mail-Management-Tools einen erheblichen Beitrag zur Steigerung der Produktivität leisten können. Diese Tools helfen Ihnen, Ihre Aufgaben effizienter zu verwalten, Routineaufgaben zu automatisieren und sich auf die wichtigen Aufgaben zu konzentrieren. Indem Sie diese Tools nutzen, können Sie nicht nur Ihre Zeit besser organisieren, sondern auch Ihre Arbeitsergebnisse verbessern und Stress reduzieren. Die Integration und Automatisierung von Aufgaben, Kalendern und E-Mails bieten Ihnen eine ganzheitliche Lösung, um Ihren Arbeitsalltag zu optimieren und Ihre Ziele effektiver zu erreichen.

Kapitel 4: Smart Home und KI

In Kapitel 2 haben wir bereits kurz angesprochen, wie Sprachassistenten zur Steuerung von Smart Home Geräten genutzt werden können und wie diese Automatisierung unseren Alltag erleichtert. In diesem Kapitel werden wir uns ausführlicher mit den verschiedenen Arten von Smart Home Geräten und ihren Anwendungen beschäftigen. Außerdem werden wir praktische Tipps und Tricks zur Automatisierung und Energieeffizienz in einem Smart Home vorstellen. Der Fokus liegt dabei auf intelligenter Technologie, die den Komfort erhöht, die Sicherheit verbessert und gleichzeitig Energie spart.

Geräte und Anwendungen: Intelligente Thermostate, Beleuchtungssysteme, Sicherheitskameras

Intelligente Thermostate

Intelligente Thermostate gehören zu den am häufigsten verwendeten Smart Home Geräten, da sie eine erhebliche Verbesserung des Wohnkomforts und der Energieeffizienz ermöglichen. Diese Thermostate, wie der Nest Thermostat von Google oder der Ecobee, lernen die Gewohnheiten und Vorlieben der Bewohner, um die Temperatur im Haus optimal anzupassen. Sie können die Heizung oder Klimaanlage ausschalten, wenn niemand zu Hause ist, und sie wieder einschalten, bevor die Bewohner zurückkehren. Dies sorgt nicht nur für ein angenehmes Wohnklima, sondern spart auch erheblich Energie.

Ein weiteres wichtiges Merkmal intelligenter Thermostate ist ihre Fähigkeit zur Integration mit Sprachassistenten wie Alexa, Google Assistant oder Siri. Dies ermöglicht es den Nutzern, die Temperatur einfach per Sprachbefehl zu steuern. Beispielsweise kann man sagen: „Alexa, stelle die Temperatur auf 22 Grad ein", und der Thermostat wird entsprechend angepasst.

Intelligente Thermostate bieten auch detaillierte Energieberichte, die den Bewohnern helfen, den Energieverbrauch zu verstehen und zu optimieren. Diese Berichte zeigen, wie viel Energie zu verschiedenen Tageszeiten verbraucht wird, und geben Empfehlungen zur Energieeinsparung. Einige Modelle verfügen über Geofencing-Technologie, die den Standort des Smartphones nutzt, um festzustellen, wann sich die Bewohner dem Haus nähern oder es verlassen. Dadurch kann der Thermostat automatisch die Temperatur anpassen, um Energie zu sparen, wenn niemand zu Hause ist, und für Komfort sorgen, wenn die Bewohner zurückkehren.

Ein weiteres wichtiges Merkmal ist die Fähigkeit zur Kommunikation mit anderen Smart Home Geräten. Intelligente Thermostate können mit Fenster- und Türsensoren gekoppelt werden, um die Heizung oder Klimaanlage abzuschalten, wenn ein Fenster geöffnet ist. Dies verhindert unnötigen Energieverbrauch und sorgt für eine effiziente Nutzung der Ressourcen.

Intelligente Beleuchtungssysteme
Intelligente Beleuchtungssysteme wie Philips Hue bieten zahlreiche Möglichkeiten, die Beleuchtung im Zuhause zu steuern und anzupassen. Sie

ermöglichen es den Nutzern, die Helligkeit und Farbe des Lichts einzustellen, um die gewünschte Atmosphäre zu schaffen. Diese Systeme können so programmiert werden, dass sie zu bestimmten Zeiten ein- oder ausgeschaltet werden oder auf Bewegungen reagieren. Zum Beispiel können die Lichter automatisch eingeschaltet werden, wenn ein Raum betreten wird, und ausgeschaltet werden, wenn er verlassen wird.

Darüber hinaus können intelligente Beleuchtungssysteme mit Sprachassistenten gesteuert werden. Man kann beispielsweise sagen: „Hey Google, dimme das Licht im Wohnzimmer", und das Licht wird entsprechend angepasst. Diese Art der Steuerung macht es einfach, die Beleuchtung im Zuhause an die Bedürfnisse anzupassen, egal ob eine gemütliche Atmosphäre für einen Filmabend geschaffen oder helles Licht zum Lesen benötigt wird.

Ein weiterer Vorteil intelligenter Beleuchtungssysteme ist ihre Fähigkeit zur Energieeinsparung. LED-Lampen, die in diesen Systemen verwendet werden, verbrauchen weniger Strom als herkömmliche Glühbirnen und haben eine längere Lebensdauer. Durch die Automatisierung der Beleuchtung kann sichergestellt werden, dass Lichter nur dann eingeschaltet sind, wenn sie benötigt werden, was ebenfalls zur Reduzierung des Energieverbrauchs beiträgt.

Intelligente Beleuchtungssysteme bieten auch die Möglichkeit, Beleuchtungsszenen zu erstellen. Beleuchtungsszenen ermöglichen es, mehrere Lichter gleichzeitig zu steuern und anzupassen, um eine bestimmte

Atmosphäre zu schaffen. Zum Beispiel könnte eine „Entspannungs"-Szene das Licht im Wohnzimmer dimmen und die Farbtemperatur auf ein warmes, gemütliches Niveau einstellen. Diese Szenen können auch mit anderen Smart Home Geräten synchronisiert werden, um komplexe Automatisierungen zu ermöglichen.

Intelligente Sicherheitskameras
Intelligente Sicherheitskameras sind ein wesentlicher Bestandteil eines umfassenden Smart Home Sicherheitskonzepts. Diese Kameras können sowohl innerhalb als auch außerhalb des Hauses installiert werden und bieten Echtzeit-Überwachung. Sie ermöglichen es den Nutzern, jederzeit und von überall aus zu sehen, was zu Hause passiert, indem sie die Kamerabilder auf dem Smartphone anzeigen. Einige der bekanntesten Marken sind Ring, Nest und Arlo.

Diese Kameras können mit anderen Smart Home Geräten und Sprachassistenten integriert werden. Man kann Alexa bitten, das Kamerabild auf einem Smart Display oder Fernseher zu zeigen. Darüber hinaus ermöglichen einige Systeme, wie die Ring Doorbell, den Nutzern, mit Besuchern zu sprechen, selbst wenn sie nicht zu Hause sind. Dies bietet eine zusätzliche Sicherheitsebene und erhöht das Sicherheitsgefühl.

Intelligente Sicherheitskameras bieten oft zusätzliche Funktionen wie Nachtsicht, Zwei-Wege-Audio und die Möglichkeit, Videoclips zu speichern oder in der Cloud zu sichern. Diese Funktionen sorgen dafür, dass die Nutzer immer ein Auge auf ihr Zuhause haben und im Notfall schnell reagieren können. Einige Kameras bieten auch Gesichtserkennungstechnologie, die es ermöglicht, bekannte Gesichter zu identifizieren und entsprechend zu reagieren.

Ein weiterer Vorteil intelligenter Sicherheitskameras ist die Fähigkeit, Alarme und Benachrichtigungen an das Smartphone zu senden. Wenn die Kamera eine Bewegung erkennt, erhält der Nutzer sofort eine Benachrichtigung, sodass die Situation überprüft und schnell reagiert werden kann. Dies kann besonders nützlich sein, wenn man im Urlaub ist oder sich weit weg von zu Hause befindet.

Zusätzlich zur Überwachung bieten einige intelligente Sicherheitskameras auch die Möglichkeit, Aufnahmen zu analysieren und Ereignisse automatisch zu markieren. Diese Funktion kann helfen, schnell relevante Ereignisse zu finden, ohne stundenlanges Filmmaterial durchsuchen zu müssen. Diese Analysen können auch dabei helfen, Fehlalarme zu reduzieren, indem sie zwischen normalen und verdächtigen Aktivitäten unterscheiden.

Ein weiteres nützliches Feature ist die Integration von Sicherheitskameras mit anderen Sicherheitsgeräten wie intelligenten Türschlössern und Alarmanlagen. Wenn die Kamera eine verdächtige Bewegung erkennt, kann sie automatisch die Tür verriegeln und den Alarm auslösen. Diese Art der Integration bietet ein umfassendes Sicherheitsnetzwerk, das das Zuhause besser schützt.

Automatisierung und Energieeffizienz: Praktische Tipps und Tricks

Automatisierung

Die Automatisierung von Aufgaben ist einer der größten Vorteile eines Smart Homes. Hier sind einige praktische Tipps, wie Automatisierung im Zuhause genutzt werden kann:

Zeitpläne erstellen: Viele Smart Home Geräte ermöglichen es, Zeitpläne zu erstellen, wann sie ein- oder ausgeschaltet werden sollen. Beispielsweise kann die Beleuchtung so eingestellt werden, dass sie bei Sonnenuntergang eingeschaltet und bei Sonnenaufgang ausgeschaltet wird. Oder der Thermostat kann so programmiert werden, dass er die Temperatur senkt, wenn man schlafen geht, und sie erhöht, bevor man aufwacht.

Szenen erstellen: Mit Szenen können mehrere Geräte gleichzeitig gesteuert werden. Beispielsweise könnte eine Szene „Filmabend" das Licht dimmen, den Fernseher einschalten und die Temperatur anpassen. Mit einem einzigen Befehl wird die gesamte Atmosphäre für einen gemütlichen Abend eingestellt.

Geräte verbinden: Dienste wie IFTTT (If This Then That) können genutzt werden, um verschiedene Smart Home Geräte miteinander zu verbinden und komplexe Automatisierungen zu erstellen. Beispielsweise könnte ein Applet erstellt werden, das die Lichter im Haus blinkt, wenn der intelligente Rauchmelder einen Alarm auslöst.

Ein weiteres Beispiel für die Nutzung von IFTTT ist die Integration von Wetterdaten. Ein Applet könnte erstellt werden, das die Heizung einschaltet, wenn die Außentemperatur unter einen bestimmten Wert fällt, oder die Bewässerungsanlage aktiviert, wenn es längere Zeit nicht geregnet hat. Diese Automatisierungen tragen nicht nur zur Energieeinsparung bei, sondern auch zur Pflege und Erhaltung des Zuhauses.

Die Automatisierung kann auch zur Verbesserung der Sicherheit beitragen. Beispielsweise können Bewegungsmelder mit intelligenten Kameras und Beleuchtungssystemen kombiniert werden, um automatisch Lichter einzuschalten und Aufnahmen zu starten, wenn Bewegungen erkannt werden. Dies kann potenzielle Eindringlinge abschrecken und helfen, schnell auf mögliche Sicherheitsbedrohungen zu reagieren.

Ein weiteres praktisches Beispiel ist die Automatisierung der Haushaltsaufgaben. Intelligente Staubsaugerroboter wie der Roomba können so programmiert werden, dass sie zu bestimmten Zeiten reinigen, während man außer Haus ist. Dies spart nicht nur Zeit, sondern sorgt auch dafür, dass das Zuhause immer sauber ist. Einige dieser Roboter können sogar ihre eigenen Routen lernen und anpassen, um die Reinigungseffizienz zu maximieren.

Energieeffizienz

Ein weiterer wichtiger Aspekt eines Smart Homes ist die Energieeffizienz. Hier sind einige Tipps, wie Smart Home Geräte zur Energieeinsparung genutzt werden können:

Intelligente Thermostate: Wie bereits erwähnt, können intelligente Thermostate helfen, Energie zu sparen, indem sie die Temperatur im Zuhause automatisch anpassen. Sie können auch Energiereports anzeigen, die helfen zu verstehen, wie und wann Energie verbraucht wird, und Vorschläge zur Reduzierung des Verbrauchs machen.

Intelligente Beleuchtung: Intelligente Beleuchtungssysteme können dazu beitragen, Energie zu sparen, indem sie nur dann eingeschaltet werden, wenn sie benötigt werden. Bewegungssensoren können die Lichter automatisch ausschalten, wenn niemand im Raum ist. Außerdem können Sie energiesparende LED-Lampen verwenden, die weniger Strom verbrauchen als herkömmliche Glühlampen und eine längere Lebensdauer haben. Diese LEDs bieten auch die Möglichkeit, die Lichtintensität und -farbe zu variieren, was zusätzlichen Komfort und Energieeinsparungen ermöglicht.

Steckdosen und Schalter: Intelligente Steckdosen und Schalter ermöglichen es Ihnen, Geräte automatisch auszuschalten, wenn sie nicht verwendet werden. Sie können zum Beispiel den Strom zu Ihrer Kaffeemaschine oder Ihrem Fernseher automatisch abschalten, wenn Sie das Haus verlassen. Einige dieser Steckdosen bieten auch Energiemonitoring-Funktionen, die Ihnen zeigen, welche Geräte am meisten Energie verbrauchen. Dies kann

Ihnen helfen, den Verbrauch zu überwachen und Geräte bei Nichtgebrauch konsequenter abzuschalten.

Energiemonitoring: Einige Smart Home Systeme bieten die Möglichkeit, den Energieverbrauch einzelner Geräte zu überwachen. Dies kann Ihnen helfen zu identifizieren, welche Geräte die meiste Energie verbrauchen und Maßnahmen zu ergreifen, um den Verbrauch zu reduzieren. Zum Beispiel könnten Sie feststellen, dass Ihr alter Kühlschrank ein Energiefresser ist und entscheiden, ihn durch ein energieeffizienteres Modell zu ersetzen. Das Monitoring kann auch zur Optimierung von Heiz- und Kühlzeiten beitragen, indem es detaillierte Einblicke in den Verbrauch gibt.

Nachtmodus nutzen: Viele Geräte haben einen Nachtmodus, der den Energieverbrauch reduziert, wenn sie nicht aktiv genutzt werden. Nutzen Sie diesen Modus, um Strom zu sparen, besonders bei Geräten, die rund um die Uhr laufen, wie Kühlschränke und Router. Der Nachtmodus kann auch für Beleuchtungssysteme genutzt werden, um die Helligkeit zu reduzieren oder Lichter vollständig auszuschalten, wenn sie nicht benötigt werden.

Fenster und Türen abdichten: Eine einfache, aber effektive Maßnahme zur Energieeinsparung ist das Abdichten von Fenstern und Türen. Dies verhindert, dass Wärme entweicht oder Kälte eindringt, und reduziert den Bedarf an Heizung oder Klimaanlage. Intelligente Thermostate können mit Sensoren kombiniert werden, die erkennen, ob Fenster oder Türen geöffnet sind, und entsprechende Anpassungen vornehmen, um Energie zu sparen.

Routineaufgaben automatisieren

Die Automatisierung von Routineaufgaben ist einer der größten Vorteile eines Smart Homes. Durch die Einrichtung von Automatisierungsregeln können Sie sicherstellen, dass bestimmte Aufgaben immer zur richtigen Zeit erledigt werden. Zum Beispiel kann Ihr Smart Home System die Rollläden schließen, wenn die Sonne untergeht, oder die Kaffeemaschine einschalten, wenn Ihr Wecker klingelt.

Sicherheit und Datenschutz

Während Smart Home Geräte viele Vorteile bieten, ist es wichtig, auch die Sicherheit und den Datenschutz zu berücksichtigen. Hier sind einige Tipps, um Ihre Smart Home Geräte sicher zu halten:

Sichere Passwörter verwenden

Verwenden Sie starke, einzigartige Passwörter für alle Ihre Smart Home Geräte und Konten. Vermeiden Sie einfache oder häufig verwendete Passwörter und ändern Sie sie regelmäßig. Sichere Passwörter sollten eine Kombination aus Groß- und Kleinbuchstaben, Zahlen und Sonderzeichen enthalten.

Zwei-Faktor-Authentifizierung

Aktivieren Sie die Zwei-Faktor-Authentifizierung (2FA) für Ihre Smart Home Konten, wenn diese Option verfügbar ist. 2FA bietet eine zusätzliche Sicherheitsebene, indem sie verlangt, dass Sie neben Ihrem Passwort einen zweiten Authentifizierungsschritt durchführen, z.B. einen Code, der an Ihr Smartphone gesendet wird.

Firmware-Updates
Halten Sie die Firmware Ihrer Smart Home Geräte auf dem neuesten Stand. Hersteller veröffentlichen regelmäßig Updates, die Sicherheitslücken schließen und die Leistung verbessern. Firmware-Updates können oft automatisch installiert werden, stellen Sie jedoch sicher, dass diese Funktion aktiviert ist.

Netzwerksicherheit
Stellen Sie sicher, dass Ihr Heimnetzwerk sicher ist, indem Sie ein starkes Passwort für Ihr WLAN verwenden und den Netzwerkzugriff einschränken. Erwägen Sie auch die Verwendung eines separaten Netzwerks für Ihre Smart Home Geräte, um die Sicherheit weiter zu erhöhen. Viele moderne Router bieten die Möglichkeit, ein Gastnetzwerk einzurichten, das von Ihrem Hauptnetzwerk getrennt ist.

Geräte deaktivieren, wenn nicht in Gebrauch
Wenn Sie bestimmte Smart Home Geräte für längere Zeit nicht verwenden, schalten Sie diese aus oder trennen Sie sie vom Netzwerk. Dies kann das Risiko von unbefugtem Zugriff reduzieren und gleichzeitig Energie sparen.

Zukunftsperspektiven und Innovationen

Die Entwicklung im Bereich Smart Home und KI schreitet schnell voran. Hier sind einige der spannenden Trends und Innovationen, die in den kommenden Jahren zu erwarten sind.

Künstliche Intelligenz und maschinelles Lernen

Mit fortschrittlicher KI und maschinellem Lernen können Smart Home Systeme immer intelligenter und anpassungsfähiger werden. Diese Technologien ermöglichen es Geräten, aus den Gewohnheiten und Vorlieben der Bewohner zu lernen und automatisch Anpassungen vorzunehmen, um Komfort und Effizienz zu maximieren. Beispielsweise könnte ein intelligenter Thermostat in der Lage sein, die Temperatur präziser zu regeln, indem er Wettervorhersagen und Echtzeitdaten über den Energieverbrauch berücksichtigt.

Nachhaltigkeit und grüne Technologien

Nachhaltigkeit wird ein zunehmend wichtiger Aspekt in der Entwicklung von Smart Home Technologien. Unternehmen entwickeln umweltfreundliche Geräte, die weniger Energie verbrauchen und aus nachhaltigen Materialien hergestellt werden. Darüber hinaus können Smart Home Systeme dazu beitragen, den ökologischen Fußabdruck zu reduzieren, indem sie den Energieverbrauch optimieren und die Nutzung erneuerbarer Energiequellen unterstützen.

Erweiterte Sicherheitsfunktionen

Die Sicherheitsfunktionen von Smart Home Systemen werden immer ausgefeilter und bieten eine Vielzahl von Möglichkeiten, um die Sicherheit und den Schutz Ihres Zuhauses zu verbessern. Hier sind einige der fortschrittlichen Sicherheitsfunktionen, die in modernen Smart Home Systemen integriert werden:

Gesichtserkennung und biometrische Daten

Moderne Sicherheitskameras und Türschlösser nutzen Gesichtserkennungstechnologie, um bekannte Gesichter zu identifizieren und unbefugte Personen zu erkennen. Diese Technologie kann genutzt werden, um personalisierte Alarme auszulösen oder die Tür nur für autorisierte Personen zu öffnen. Zusätzlich zu Gesichtserkennung können biometrische Daten wie Fingerabdrücke oder Iris-Scans verwendet werden, um den Zugang zu Ihrem Zuhause zu sichern.

KI-gestützte Bedrohungserkennung

Künstliche Intelligenz wird zunehmend in Sicherheitskameras und -systemen eingesetzt, um Bedrohungen automatisch zu erkennen und darauf zu reagieren. KI-Algorithmen können Muster und Verhaltensweisen analysieren, um ungewöhnliche Aktivitäten zu identifizieren und sofortige Alarme auszulösen. Diese Systeme können lernen, zwischen normalen Aktivitäten und potenziellen Bedrohungen zu unterscheiden, was die Anzahl der Fehlalarme reduziert.

Integrierte Alarmsysteme

Smart Home Sicherheitssysteme können mit verschiedenen Sensoren und Geräten integriert werden, um ein umfassendes Alarmsystem zu schaffen. Bewegungsmelder, Tür- und Fenstersensoren, Glasbruchmelder und Rauchmelder können alle miteinander verbunden werden, um im Falle einer Bedrohung oder eines Notfalls sofortige Alarme auszulösen. Diese Systeme können so konfiguriert werden, dass sie die Polizei oder Feuerwehr automatisch benachrichtigen.

Fernüberwachung und -steuerung

Mit Smart Home Sicherheitssystemen können Sie Ihr Zuhause jederzeit und von überall aus überwachen und steuern. Über mobile Apps können Sie Live-Video-Feeds ansehen, Benachrichtigungen erhalten und sogar Alarme auslösen oder deaktivieren. Dies gibt Ihnen die Möglichkeit, sofort auf Sicherheitsvorfälle zu reagieren, auch wenn Sie nicht zu Hause sind.

Szenarienbasierte Automatisierung

Durch die Integration von Sicherheitssystemen mit anderen Smart Home Geräten können automatisierte Szenarien erstellt werden, die Ihre Sicherheit weiter erhöhen. Beispielsweise kann ein Bewegungsmelder, der nachts eine Bewegung erkennt, automatisch die Innen- und Außenbeleuchtung einschalten, die Sicherheitskameras aktivieren und die Türschlösser verriegeln. Solche automatisierten Szenarien können potenzielle Eindringlinge abschrecken und Ihr Zuhause sicherer machen.

Datenschutz und Datensicherheit

Neben physischen Sicherheitsfunktionen ist auch der Schutz Ihrer Daten von großer Bedeutung. Smart Home Systeme müssen sicherstellen, dass die gesammelten Daten sicher gespeichert und übertragen werden. Dies beinhaltet die Verwendung von Verschlüsselungstechnologien und sicheren Kommunikationsprotokollen. Außerdem sollten Sie regelmäßig die Datenschutzrichtlinien und Sicherheitspraktiken der Hersteller überprüfen, um sicherzustellen, dass Ihre Daten geschützt sind.

Integration und Kontrolle

Ein gut integriertes Smart Home System ermöglicht es Ihnen, verschiedene Geräte und Anwendungen zentral zu steuern. Hier sind einige Methoden und Tools, um die Integration zu erleichtern:

Zentrale Steuerungssysteme

Zentrale Steuerungssysteme wie SmartThings von Samsung oder HomeKit von Apple bieten eine Plattform, auf der Sie alle Ihre Smart Home Geräte verbinden und steuern können. Diese Systeme bieten eine einheitliche Benutzeroberfläche, die es einfach macht, Geräte zu steuern, Szenen zu erstellen und Automatisierungen einzurichten. Diese Plattformen unterstützen auch die Integration von Geräten verschiedener Hersteller, sodass Sie nicht auf eine einzige Marke beschränkt sind.

Sprachsteuerung

Die Integration von Sprachassistenten wie Alexa, Google Assistant oder Siri ermöglicht es Ihnen, Ihre Smart Home Geräte per Sprachbefehl zu steuern. Dies ist nicht nur bequem, sondern bietet auch eine zusätzliche Kontrollmöglichkeit, besonders wenn Ihre Hände beschäftigt sind oder Sie sich in einem anderen Raum befinden. Sprachsteuerung kann auch zur Verbesserung der Barrierefreiheit beitragen, indem sie Menschen mit körperlichen Einschränkungen die Steuerung ihrer Geräte erleichtert.

Mobile Apps

Fast alle Smart Home Geräte bieten begleitende mobile Apps, die es Ihnen ermöglichen, Ihre Geräte von überall aus zu steuern. Diese Apps bieten oft erweiterte Funktionen, wie z.B. die Möglichkeit, Benachrichtigungen zu erhalten, wenn Bewegungen erkannt werden oder wenn ein Gerät gewartet werden muss. Mobile Apps ermöglichen es Ihnen auch, unterwegs auf Ihre Smart Home Geräte zuzugreifen und Anpassungen vorzunehmen, selbst wenn Sie nicht zu Hause sind.

Geofencing

Geofencing ist eine Technologie, die Ihr Smartphone verwendet, um Ihren Standort zu verfolgen und basierend darauf Aktionen auszuführen. Zum Beispiel kann Ihr Smart Home System erkennen, wenn Sie nach Hause kommen, und automatisch die Lichter einschalten, die Temperatur anpassen und die Tür entriegeln. Diese Funktion erhöht den Komfort und die Sicherheit in Ihrem Zuhause, indem sie sicherstellt, dass Ihr Zuhause immer auf Ihre Ankunft vorbereitet ist.

Routineaufgaben automatisieren
Die Automatisierung von Routineaufgaben ist eine der größten Vorteile eines Smart Homes. Durch die Einrichtung von Automatisierungsregeln können Sie sicherstellen, dass bestimmte Aufgaben immer zur richtigen Zeit erledigt werden. Zum Beispiel kann Ihr Smart Home System die Rollläden schließen, wenn die Sonne untergeht, oder die Kaffeemaschine einschalten, wenn Ihr Wecker klingelt.

Künstliche Intelligenz und maschinelles Lernen
Mit fortschrittlicher KI und maschinellem Lernen können Smart Home Systeme immer intelligenter und anpassungsfähiger werden. Diese Technologien ermöglichen es Geräten, aus den Gewohnheiten und Vorlieben der Bewohner zu lernen und automatisch Anpassungen vorzunehmen, um Komfort und Effizienz zu maximieren. Beispielsweise könnte ein intelligenter Thermostat in der Lage sein, die Temperatur präziser zu regeln, indem er Wettervorhersagen und Echtzeitdaten über den Energieverbrauch berücksichtigt.

Integration mit Internet der Dinge (IoT)
Das Internet der Dinge (IoT) ermöglicht die Vernetzung und Kommunikation zwischen verschiedenen Geräten und Systemen. In einem Smart Home können IoT-Geräte nahtlos miteinander interagieren, um ein vollständig

integriertes und automatisiertes Zuhause zu schaffen. Dies könnte die nahtlose Integration von Sicherheitssystemen, Beleuchtung, Heizung und Kühlung sowie Unterhaltungselektronik umfassen.

Erweiterte Sprachsteuerung

Die Sprachsteuerung wird immer weiter verbessert, um natürlicher und intuitiver zu werden. Fortschritte in der natürlichen Sprachverarbeitung (NLP) ermöglichen es Sprachassistenten, komplexere Befehle zu verstehen und auszuführen. Dies könnte bedeuten, dass Sprachassistenten in der Lage sind, Gespräche zu führen, kontextbezogene Fragen zu beantworten und noch präzisere Steuerungen im Smart Home vorzunehmen.

Nachhaltigkeit und grüne Technologien

Nachhaltigkeit wird ein zunehmend wichtiger Aspekt in der Entwicklung von Smart Home Technologien. Unternehmen entwickeln umweltfreundliche Geräte, die weniger Energie verbrauchen und aus nachhaltigen Materialien hergestellt werden. Darüber hinaus können Smart Home Systeme dazu beitragen, den ökologischen Fußabdruck zu reduzieren, indem sie den Energieverbrauch optimieren und die Nutzung erneuerbarer Energiequellen unterstützen.

Erweiterte Sicherheitsfunktionen

Die Sicherheitsfunktionen von Smart Home Systemen werden immer ausgefeilter. Fortgeschrittene Technologien wie Gesichtserkennung, biometrische Daten und KI-gestützte Bedrohungserkennung bieten einen höheren Schutz und eine schnellere Reaktionszeit auf Sicherheitsbedrohungen. Die Integration dieser Funktionen mit anderen Sicherheitsgeräten und die Möglichkeit der Fernüberwachung erhöhen die Sicherheit Ihres Zuhauses erheblich.

Personalisierte Nutzererfahrung
Mit der Weiterentwicklung von KI und maschinellem Lernen können Smart Home Systeme eine immer stärker personalisierte Nutzererfahrung bieten. Diese Systeme können die individuellen Vorlieben und Routinen der Bewohner lernen und personalisierte Empfehlungen und Anpassungen anbieten, um den Komfort und die Effizienz zu maximieren. Beispielsweise könnte ein intelligenter Assistent vorschlagen, die Beleuchtung anzupassen oder die Temperatur zu ändern, basierend auf den täglichen Gewohnheiten der Bewohner.

Integration von Gesundheits- und Wellnessfunktionen
Ein wachsender Trend im Bereich Smart Home ist die Integration von Gesundheits- und Wellnessfunktionen. Intelligente Geräte können Gesundheitsdaten überwachen, wie z.B. den Schlafrhythmus, die Herzfrequenz und die körperliche Aktivität, und entsprechende Empfehlungen geben, um das Wohlbefinden der Bewohner zu verbessern. Intelligente Matratzen, Fitnessgeräte und sogar Spiegel, die Gesundheitsdaten anzeigen, werden zunehmend Teil des vernetzten Zuhauses.

Zwischenfazit

Während die Technologie weiterhin fortschreitet, werden Smart Home Systeme immer intelligenter und anpassungsfähiger, was neue Möglichkeiten für Innovationen und Verbesserungen bietet. Es ist wichtig, sich der Sicherheits- und Datenschutzaspekte bewusst zu sein und Maßnahmen zu ergreifen, um die Integrität und Sicherheit Ihres vernetzten Zuhauses zu gewährleisten. Ein gut integriertes Smart Home System kann den Komfort, die Effizienz und die Sicherheit Ihres Zuhauses erheblich verbessern.

Das Potenzial von Smart Home Technologien und Künstlicher Intelligenz ist enorm. Die Möglichkeit, alltägliche Aufgaben zu automatisieren, Energie zu sparen und die Sicherheit zu erhöhen, macht diese Technologien zu einem wertvollen Bestandteil des modernen Lebens. Während die Implementierung dieser Technologien einige Anfangsinvestitionen und Lernaufwand erfordert, überwiegen die langfristigen Vorteile bei weitem.

Zusammenarbeit und Interoperabilität

Ein wichtiger Aspekt für die erfolgreiche Implementierung von Smart Home Technologien ist die Zusammenarbeit und Interoperabilität zwischen verschiedenen Geräten und Plattformen. Durch die Wahl von Geräten, die mit den bevorzugten Steuerungssystemen und Sprachassistenten kompatibel sind, kann ein nahtloses und effizientes Smart Home System aufgebaut werden.

Wachsender Markt und ständige Innovation

Der Markt für Smart Home Geräte und Technologien wächst kontinuierlich, und es werden ständig neue Produkte und Funktionen entwickelt. Verbraucher sollten sich regelmäßig über neue Entwicklungen und Innovationen informieren, um von den neuesten Technologien und Trends profitieren zu können. Unternehmen investieren erheblich in Forschung und Entwicklung, um die Leistungsfähigkeit und Benutzerfreundlichkeit von Smart Home Geräten weiter zu verbessern.

Personalisierung und Benutzererfahrung

Die Personalisierung spielt eine immer wichtigere Rolle im Bereich Smart Home. Mit fortschreitender Technologie werden die Möglichkeiten, das Zuhause individuell anzupassen und auf die persönlichen Bedürfnisse und Vorlieben der Bewohner einzugehen, immer vielfältiger. Dies trägt nicht nur zu einem höheren Komfort bei, sondern kann auch die Lebensqualität insgesamt verbessern.

Praktische Tipps für den Einstieg

Für diejenigen, die gerade erst in die Welt der Smart Home Technologien einsteigen, gibt es einige praktische Tipps, um den Prozess zu erleichtern und das Beste aus diesen Technologien herauszuholen:

1. Klein anfangen: Beginnen Sie mit ein oder zwei Geräten, die einen erheblichen Unterschied in Ihrem täglichen Leben machen können, wie z.B.

einem intelligenten Thermostat oder Beleuchtungssystem. Dies ermöglicht es Ihnen, sich mit der Technologie vertraut zu machen, ohne überwältigt zu werden.

2. Planen und Prioritäten setzen: Überlegen Sie, welche Funktionen und Automatisierungen für Ihr Zuhause am wichtigsten sind. Erstellen Sie eine Liste von Prioritäten und planen Sie entsprechend. Dies hilft Ihnen, gezielt in Geräte zu investieren, die den größten Nutzen bieten.

3. Kompatibilität prüfen: Stellen Sie sicher, dass die von Ihnen gewählten Geräte mit den bestehenden Systemen und Plattformen in Ihrem Zuhause kompatibel sind. Dies erleichtert die Integration und sorgt für ein reibungsloses Funktionieren aller Komponenten.

4. Regelmäßige Updates: Halten Sie Ihre Smart Home Geräte und Steuerungssysteme auf dem neuesten Stand, indem Sie regelmäßig Firmware-Updates installieren. Dies verbessert nicht nur die Leistung und Funktionalität, sondern stellt auch sicher, dass die neuesten Sicherheitsfeatures verfügbar sind.

5. Sicherheitsmaßnahmen ergreifen: Schützen Sie Ihr Smart Home System durch starke Passwörter, Zwei-Faktor-Authentifizierung und regelmäßige Überprüfung der Sicherheitsprotokolle. Stellen Sie sicher, dass alle Geräte und Netzwerke gut gesichert sind, um unbefugten Zugriff zu verhindern.

6. Experimentieren und Anpassen: Nutzen Sie die Flexibilität und Anpassungsmöglichkeiten von Smart Home Systemen, um verschiedene Szenarien und Automatisierungen auszuprobieren. Passen Sie Ihre Einstellungen an, um die beste Balance zwischen Komfort, Effizienz und Sicherheit zu finden.

7. Feedback nutzen: Hören Sie auf das Feedback von Familienmitgliedern und passen Sie das System entsprechend an. Ein gut funktionierendes Smart Home sollte den Bedürfnissen aller Bewohner gerecht werden und ein angenehmes Wohnumfeld schaffen.

Zukunftsvisionen

In der Zukunft könnten wir Smart Home Systeme erleben, die noch tiefgreifender und intuitiver sind. Mit der zunehmenden Integration von KI und maschinellem Lernen könnten diese Systeme in der Lage sein, noch präzisere Vorhersagen zu treffen und proaktiver auf die Bedürfnisse der Bewohner zu reagieren. Denkbar sind auch fortschrittlichere Gesundheits- und Wellnessanwendungen, die das Zuhause in ein Zentrum für persönliches Wohlbefinden und Gesundheit verwandeln.

Smart Cities

Ein weiterer spannender Bereich ist die Entwicklung von Smart Cities, in denen Gebäude, Infrastruktur und öffentliche Dienstleistungen miteinander vernetzt sind. In einer Smart City könnten Häuser und Wohnungen nahtlos mit dem städtischen Netzwerk interagieren, um Ressourcen effizienter zu nutzen und die Lebensqualität der Bewohner zu verbessern.

Erneuerbare Energien und Nachhaltigkeit

Die Nutzung erneuerbarer Energien wird eine entscheidende Rolle in der Weiterentwicklung von Smart Home Technologien spielen. Intelligente Systeme könnten in der Lage sein, den Energieverbrauch zu optimieren, indem sie die Nutzung von Solar-, Wind- und anderen erneuerbaren Energiequellen maximieren. Dies würde nicht nur die Energiekosten senken, sondern auch einen positiven Beitrag zum Umweltschutz leisten.

Fazit

Die Integration von Smart Home Technologien und Künstlicher Intelligenz bietet immense Vorteile und Möglichkeiten, das tägliche Leben zu verbessern. Von der Automatisierung alltäglicher Aufgaben über die Verbesserung der Energieeffizienz bis hin zur Erhöhung der Sicherheit – die Potenziale sind nahezu unbegrenzt. Während die Technologie weiter voranschreitet, werden Smart Home Systeme immer intelligenter, sicherer und benutzerfreundlicher, was sie zu einem unverzichtbaren Bestandteil des modernen Wohnens macht.

Indem wir uns mit den aktuellen Trends und Innovationen vertraut machen und gleichzeitig die Sicherheit und den Datenschutz im Auge behalten, können wir die Vorteile dieser faszinierenden Technologien voll ausschöpfen und ein komfortableres, effizienteres und sichereres Zuhause schaffen. Die Zukunft des Wohnens ist intelligent, vernetzt und nachhaltig – und sie beginnt jetzt.

Kapitel 5: Gesundheit und Fitness

Gesundheit und Fitness sind zentrale Aspekte unseres Lebens, und moderne Technologien, insbesondere im Bereich der Künstlichen Intelligenz (KI), haben erheblich dazu beigetragen, wie wir unsere körperliche und geistige Gesundheit überwachen und verbessern können. In diesem Kapitel werden wir uns ausführlich mit der Gesundheitsüberwachung durch Wearables wie Fitbit und Apple Watch befassen. Diese Geräte bieten eine Vielzahl von Funktionen, die uns helfen, unsere Gesundheit zu überwachen und gesündere Lebensgewohnheiten zu entwickeln.

Gesundheitsüberwachung: Nutzung von Wearables wie Fitbit und Apple Watch

Wearables sind tragbare elektronische Geräte, die in der Regel am Handgelenk getragen werden und eine Vielzahl von Gesundheits- und Fitnessdaten erfassen können. Zu den bekanntesten Wearables gehören die Fitbit und die Apple Watch. Diese Geräte haben sich zu unverzichtbaren Werkzeugen für Menschen entwickelt, die ihre Gesundheit und Fitness im Auge behalten möchten. Sie bieten nicht nur grundlegende Funktionen wie Schrittzähler und Herzfrequenzmessung, sondern auch fortschrittlichere Funktionen wie Schlafüberwachung, EKG (Elektrokardiogramm) und sogar die Überwachung des Blutsauerstoffgehalts.

Funktionen und Vorteile von Wearables

1. Schrittzähler und Aktivitätsüberwachung

Eine der grundlegendsten Funktionen von Wearables ist der Schrittzähler. Er zählt die Anzahl der Schritte, die eine Person an einem Tag geht, und gibt einen groben Überblick über das Aktivitätsniveau. Diese Funktion motiviert viele Menschen, aktiver zu sein, indem sie tägliche Schrittziele setzen und verfolgen.

2. Herzfrequenzmessung

Moderne Wearables verfügen über optische Sensoren, die die Herzfrequenz kontinuierlich messen. Diese Daten sind nützlich, um das Herz-Kreislauf-System zu überwachen und Anzeichen von Herzproblemen frühzeitig zu erkennen. Die Herzfrequenzmessung kann auch während des Trainings helfen, die Intensität zu überwachen und sicherzustellen, dass man im optimalen Bereich trainiert.

3. Schlafüberwachung

Guter Schlaf ist entscheidend für die Gesundheit und das Wohlbefinden. Wearables wie Fitbit und Apple Watch bieten Schlafüberwachungsfunktionen, die die Dauer und Qualität des Schlafs aufzeichnen. Diese Geräte können verschiedene Schlafphasen erkennen, einschließlich Leicht-, Tief- und REM-Schlaf. Durch die Analyse dieser Daten können Benutzer ihre Schlafgewohnheiten verbessern und Maßnahmen ergreifen, um einen besseren Schlaf zu fördern.

4. Kalorienverbrauch

Wearables berechnen basierend auf den gesammelten Aktivitätsdaten den Kalorienverbrauch. Diese Funktion ist besonders nützlich für Menschen, die abnehmen oder ihr Gewicht halten möchten, da sie einen Überblick über die verbrannten Kalorien im Vergleich zu den aufgenommenen Kalorien geben.

5. EKG und Herzgesundheit

Einige fortschrittliche Wearables, wie die neueren Modelle der Apple Watch, bieten eine EKG-Funktion. Diese ermöglicht es den Benutzern, ein Elektrokardiogramm direkt am Handgelenk zu erstellen. Das EKG kann dabei helfen, unregelmäßige Herzrhythmen wie Vorhofflimmern zu erkennen, eine Erkrankung, die zu Schlaganfällen führen kann, wenn sie nicht behandelt wird.

6. Blutsauerstoffüberwachung

Die Blutsauerstoffüberwachung ist eine weitere fortschrittliche Funktion, die in einigen Wearables verfügbar ist. Sie misst die Sauerstoffsättigung im Blut und kann wichtige Hinweise auf die allgemeine Gesundheit und Fitness geben. Eine niedrige Sauerstoffsättigung kann auf gesundheitliche Probleme wie Schlafapnoe oder Herz-Kreislauf-Erkrankungen hinweisen.

Nutzung von Wearables im Alltag

Motivation und Zielsetzung

Eine der größten Herausforderungen bei der Verbesserung der Gesundheit und Fitness ist die Aufrechterhaltung der Motivation. Wearables bieten verschiedene Tools, um die Benutzer zu motivieren, ihre Gesundheits- und Fitnessziele zu erreichen. Dazu gehören tägliche und wöchentliche Zielsetzungen, Erinnerungen, sich zu bewegen, und Belohnungen für erreichte Ziele.

Personalisierte Gesundheitsdaten
Wearables sammeln eine Fülle von Daten, die es den Benutzern ermöglichen, ihre Gesundheit und Fitness auf einer sehr persönlichen Ebene zu überwachen. Diese Daten können genutzt werden, um personalisierte Empfehlungen zu geben, die auf den individuellen Gesundheitszustand und die Fitnessziele zugeschnitten sind. Zum Beispiel kann eine Person, die versucht, Gewicht zu verlieren, spezifische Tipps zur Ernährung und zum Training erhalten, basierend auf ihren Aktivitätsdaten.

Integration mit anderen Gesundheitsdiensten
Viele Wearables können mit anderen Gesundheits- und Fitnessdiensten integriert werden, um eine umfassendere Gesundheitsüberwachung zu ermöglichen. Zum Beispiel können Daten von der Apple Watch in die Apple Health App importiert werden, wo sie mit Daten von anderen Geräten und Anwendungen kombiniert werden können. Dies ermöglicht eine ganzheitliche Betrachtung der Gesundheit, die alle Aspekte des Lebensstils berücksichtigt.

Gesundheitliche Vorteile und präventive Maßnahmen

Früherkennung von Gesundheitsproblemen

Eine der größten Stärken von Wearables ist ihre Fähigkeit, Gesundheitsprobleme frühzeitig zu erkennen. Durch die kontinuierliche Überwachung von Vitaldaten können Wearables Anomalien erkennen, die auf gesundheitliche Probleme hinweisen könnten. Zum Beispiel könnte eine anhaltend hohe Herzfrequenz auf eine Herzerkrankung hinweisen, während unregelmäßige Schlafmuster auf Schlafstörungen hindeuten könnten.

Förderung eines gesunden Lebensstils

Wearables fördern einen gesunden Lebensstil, indem sie die Benutzer dazu motivieren, mehr zu bewegen, gesünder zu essen und ausreichend zu schlafen. Durch die Bereitstellung von Echtzeitdaten und personalisierten Empfehlungen können Wearables den Benutzern helfen, gesündere Entscheidungen zu treffen und ihre allgemeinen Gesundheitsgewohnheiten zu verbessern.

Unterstützung bei chronischen Erkrankungen

Für Menschen mit chronischen Erkrankungen können Wearables ein wertvolles Werkzeug sein, um die Krankheit zu überwachen und zu managen. Zum Beispiel können Menschen mit Diabetes Wearables verwenden, um ihre Aktivität zu verfolgen und die Auswirkungen von Bewegung auf ihren Blutzuckerspiegel zu beobachten. Menschen mit Herzproblemen können ihre Herzfrequenz und andere Vitaldaten überwachen, um sicherzustellen, dass sie im sicheren Bereich bleiben.

Soziale Unterstützung und Gemeinschaft

Viele Wearables bieten soziale Funktionen, die es den Benutzern ermöglichen, sich mit Freunden und Familie zu vernetzen, um gegenseitige Unterstützung und Motivation zu erhalten. Gemeinschaftsherausforderungen und Wettbewerbe können die Motivation erhöhen und dazu beitragen, dass die Benutzer ihre Gesundheits- und Fitnessziele erreichen.

Herausforderungen und Bedenken

Datenschutz und Sicherheit

Eine der größten Herausforderungen bei der Nutzung von Wearables ist der Datenschutz. Diese Geräte sammeln eine große Menge an persönlichen Gesundheitsdaten, die sensibel und privat sind. Es ist wichtig, sicherzustellen, dass diese Daten sicher gespeichert und übertragen werden. Hersteller von Wearables müssen starke Sicherheitsmaßnahmen implementieren, um die Privatsphäre der Benutzer zu schützen.

Genauigkeit der Daten

Obwohl Wearables immer genauer werden, gibt es immer noch Bedenken hinsichtlich der Genauigkeit der gesammelten Daten. Faktoren wie die Platzierung des Geräts, die Hautfarbe und die körperliche Aktivität können die Genauigkeit der Messungen beeinflussen. Es ist wichtig, diese Einschränkungen zu verstehen und die Daten im Kontext zu interpretieren.

Abhängigkeit von Technologie

Ein weiteres potenzielles Problem ist die Abhängigkeit von Technologie. Während Wearables eine wertvolle Unterstützung bieten können, sollten sie nicht als Ersatz für professionelle medizinische Beratung und Betreuung betrachtet werden. Es ist wichtig, die Daten der Wearables als ergänzende Information zu nutzen und bei gesundheitlichen Bedenken einen Arzt zu konsultieren.

Fazit

Wearables wie Fitbit und Apple Watch haben die Art und Weise, wie wir unsere Gesundheit und Fitness überwachen, revolutioniert. Sie bieten eine Vielzahl von Funktionen, die uns helfen, aktiv zu bleiben, gesünder zu leben und mögliche gesundheitliche Probleme frühzeitig zu erkennen. Trotz einiger Herausforderungen bieten sie immense Vorteile und haben das Potenzial, unsere Lebensqualität erheblich zu verbessern.

Indem wir die Möglichkeiten dieser Geräte nutzen und gleichzeitig auf Datenschutz und Datensicherheit achten, können wir die Vorteile von Wearables voll ausschöpfen und einen positiven Einfluss auf unsere Gesundheit und Fitness nehmen. Die kontinuierliche Weiterentwicklung und Innovation in diesem Bereich wird sicherlich weiterhin neue und verbesserte Möglichkeiten bieten, um unsere Gesundheit zu überwachen und zu verbessern.

KI-gestützte Fitness-Apps: Beispiele und Nutzen

Künstliche Intelligenz hat die Welt der Fitness revolutioniert, indem sie Apps ermöglicht hat, die intelligente und personalisierte Empfehlungen geben. Diese Apps nutzen maschinelles Lernen und Datenanalyse, um den Benutzern maßgeschneiderte Trainingsprogramme und Ernährungspläne zu bieten. Sie können den Fortschritt überwachen, die Leistung analysieren und motivierende Inhalte liefern, um die Benutzer auf Kurs zu halten. Zu den bekanntesten KI-gestützten Fitness-Apps gehören MyFitnessPal, Freeletics und Nike Training Club.

Personalisierte Trainingspläne

Eine der Hauptfunktionen von KI-gestützten Fitness-Apps ist die Erstellung individueller Trainingspläne. Diese Pläne basieren auf den spezifischen Zielen, dem Fitnesslevel und den Präferenzen des Benutzers. Die Apps nutzen Algorithmen, die auf den Daten der Benutzer basieren, um personalisierte Workouts zu erstellen, die genau auf ihre Bedürfnisse zugeschnitten sind.

Beispielsweise kann eine App wie Freeletics einen Trainingsplan erstellen, der sowohl Krafttraining als auch Cardiotraining beinhaltet, um die allgemeinen Fitnessziele des Benutzers zu erreichen. Diese Pläne werden kontinuierlich angepasst, basierend auf dem Fortschritt und den Rückmeldungen des Benutzers.

Anpassung und Flexibilität

Ein großer Vorteil dieser personalisierten Trainingspläne ist ihre Flexibilität. Die Apps passen die Workouts basierend auf dem Fortschritt des Benutzers an. Wenn ein Benutzer schneller Fortschritte macht als erwartet, kann die App die Intensität der Workouts erhöhen. Umgekehrt kann die App die Intensität reduzieren oder alternative Übungen vorschlagen, wenn der Benutzer Schwierigkeiten hat, mit dem Plan Schritt zu halten.

Die Anpassungsfähigkeit dieser Apps stellt sicher, dass die Trainingspläne immer herausfordernd, aber machbar sind, was die Motivation und das Engagement der Benutzer erhöht. Zudem können Benutzer jederzeit Feedback geben und ihre Vorlieben ändern, was zu einem noch individuelleren Erlebnis führt.

Motivation und Gamification
KI-gestützte Fitness-Apps nutzen verschiedene Motivationsstrategien, um die Benutzer zu ermutigen, aktiv zu bleiben. Dazu gehören Belohnungssysteme, Fortschrittsverfolgung und soziale Funktionen. Belohnungen können in Form von Abzeichen, Punkten oder sogar realen Belohnungen wie Gutscheinen erfolgen.

Ein gutes Beispiel ist die App Nike Training Club, die Benutzer mit Abzeichen für das Erreichen bestimmter Meilensteine belohnt. Diese Gamification-Elemente können die Benutzer motivieren, kontinuierlich zu trainieren und neue Ziele zu setzen.

Soziale Funktionen und Gemeinschaft

Viele dieser Apps bieten soziale Funktionen, die es den Benutzern ermöglichen, ihre Fortschritte mit Freunden zu teilen, an Herausforderungen teilzunehmen und sich gegenseitig zu motivieren. Gemeinschaftliche Herausforderungen und Wettbewerbe können die Motivation erheblich steigern, da die Benutzer das Gefühl haben, Teil einer größeren Gemeinschaft zu sein.

Die App Freeletics beispielsweise hat eine starke Community-Funktion, die es den Benutzern ermöglicht, an globalen Challenges teilzunehmen und sich mit anderen Benutzern zu vernetzen. Diese sozialen Aspekte können eine bedeutende Rolle dabei spielen, die Benutzer langfristig zu binden.

Fortschrittsverfolgung und Analyse

KI-gestützte Fitness-Apps sind hervorragend darin, den Fortschritt der Benutzer zu verfolgen und zu analysieren. Sie sammeln kontinuierlich Daten über die Aktivitäten, die Ernährung und andere Gesundheitsparameter der Benutzer. Diese Daten werden dann verwendet, um detaillierte Analysen und Berichte zu erstellen, die den Benutzern helfen, ihre Fortschritte zu verstehen und ihre Ziele zu erreichen.

Apps wie MyFitnessPal bieten umfassende Ernährungs- und Aktivitätsverfolgung, die den Benutzern hilft, ihre Kalorienzufuhr und ihren Kalorienverbrauch zu überwachen. Diese App verwendet KI, um den

Benutzern personalisierte Empfehlungen zur Ernährung und zu körperlicher Aktivität zu geben.

Einblicke und Empfehlungen

Die durch KI analysierten Daten können den Benutzern wertvolle Einblicke in ihre Gesundheits- und Fitnessgewohnheiten geben. Zum Beispiel kann eine App feststellen, dass ein Benutzer zu wenig Protein zu sich nimmt und ihm empfehlen, mehr proteinreiche Lebensmittel in seine Ernährung aufzunehmen. Oder die App kann feststellen, dass der Benutzer in den letzten Wochen weniger aktiv war und ihn daran erinnern, sich mehr zu bewegen.

Diese personalisierten Empfehlungen sind oft sehr präzise und hilfreich, da sie auf den spezifischen Daten und Gewohnheiten des Benutzers basieren. Sie helfen den Benutzern, ihre Gesundheits- und Fitnessziele effektiver zu erreichen.

Beispiele für KI-gestützte Fitness-Apps

MyFitnessPal ist eine der bekanntesten Fitness-Apps, die KI verwendet, um den Benutzern beim Abnehmen und beim Erreichen ihrer Ernährungsziele zu helfen. Die App bietet eine umfassende Datenbank mit Nahrungsmitteln und ermöglicht es den Benutzern, ihre täglichen Mahlzeiten und Aktivitäten zu protokollieren. MyFitnessPal verwendet maschinelles Lernen, um die Essgewohnheiten der Benutzer zu analysieren und personalisierte Empfehlungen zu geben. Wenn die App beispielsweise feststellt, dass ein

Benutzer regelmäßig zu viel Zucker konsumiert, kann sie alternative Lebensmittel vorschlagen, die weniger Zucker enthalten.

Freeletics ist eine weitere beliebte Fitness-App, die KI nutzt, um personalisierte Trainingspläne zu erstellen. Die App bietet eine Vielzahl von Workouts, die auf das Fitnesslevel und die Ziele des Benutzers zugeschnitten sind. Die Workouts können zu Hause oder im Freien durchgeführt werden, ohne dass spezielle Ausrüstung erforderlich ist. Die KI von Freeletics passt die Workouts basierend auf dem Fortschritt und dem Feedback des Benutzers an. Wenn ein Benutzer beispielsweise Schwierigkeiten mit einer bestimmten Übung hat, kann die App alternative Übungen vorschlagen, die die gleichen Muskelgruppen ansprechen.

Nike Training Club ist eine umfassende Fitness-App, die von Nike entwickelt wurde. Die App bietet eine breite Palette von Workouts, die von professionellen Trainern entworfen wurden. Die Workouts sind in verschiedene Kategorien unterteilt, wie Krafttraining, Ausdauer und Mobilität. Die KI von Nike Training Club analysiert die Leistung der Benutzer und gibt personalisiertes Feedback. Die App bietet auch Motivations- und Belohnungssysteme, um die Benutzer zu ermutigen, kontinuierlich zu trainieren.

Aaptiv ist eine Audio-Fitness-App, die KI verwendet, um personalisierte Trainingspläne zu erstellen. Die App bietet eine Vielzahl von Workouts, die von professionellen Trainern geleitet werden. Die Benutzer können aus verschiedenen Trainingsarten wählen, wie Laufen, Radfahren und Krafttraining. Die KI von Aaptiv passt die Workouts basierend auf den Vorlieben und dem Fortschritt der Benutzer an. Die App bietet auch Echtzeit-

Audio-Coaching, das den Benutzern hilft, ihre Technik zu verbessern und motiviert zu bleiben.

Nutzen von KI-gestützten Fitness-Apps

Einer der größten Vorteile von KI-gestützten Fitness-Apps ist die Möglichkeit, personalisierte Workouts zu erstellen. Diese Workouts sind genau auf die Bedürfnisse und Ziele des Benutzers zugeschnitten, was die Effektivität des Trainings erhöht. Die Benutzer erhalten maßgeschneiderte Übungen, die auf ihrem Fitnesslevel basieren und kontinuierlich angepasst werden, um sicherzustellen, dass sie immer herausgefordert, aber nicht überfordert werden.

Technikverbesserung und Feedback

Ein weiterer großer Vorteil ist das Echtzeit-Feedback, das viele dieser Apps bieten. Während des Trainings können die Apps Anweisungen zur Verbesserung der Technik geben und darauf hinweisen, wenn eine Übung nicht korrekt ausgeführt wird. Dies reduziert das Verletzungsrisiko und sorgt dafür, dass die Benutzer das Beste aus ihrem Training herausholen.

Zeit- und Kosteneffizienz

KI-gestützte Fitness-Apps bieten die Flexibilität, jederzeit und überall zu trainieren. Die Benutzer sind nicht an die Öffnungszeiten eines Fitnessstudios gebunden und können ihre Workouts in ihren eigenen vier Wänden oder im Freien absolvieren. Dies spart Zeit und macht es einfacher, regelmäßig zu trainieren, auch bei einem vollen Terminkalender.

Kostenersparnis

Fitness-Apps sind in der Regel günstiger als eine Mitgliedschaft im Fitnessstudio oder persönliche Trainerstunden. Viele Apps bieten kostenlose Grundfunktionen und kostenpflichtige Premium-Funktionen, die dennoch günstiger sind als herkömmliche Fitnessangebote. Dies macht Fitness für eine breitere Bevölkerungsschicht zugänglich.

Langfristige Gesundheitsvorteile

Die kontinuierliche Überwachung der Gesundheits- und Fitnessdaten ermöglicht es den Benutzern, langfristige Fortschritte zu verfolgen und ihre Ziele zu erreichen. Die Apps passen die Trainingspläne ständig an, um sicherzustellen, dass die Benutzer ihre Gesundheits- und Fitnessziele effektiv verfolgen können. Diese ständige Anpassung und das Feedback helfen, Plateaus zu überwinden und den Fortschritt aufrechtzuerhalten.

Förderung gesunder Gewohnheiten

KI-gestützte Fitness-Apps spielen eine wichtige Rolle bei der Förderung gesunder Gewohnheiten. Sie erinnern die Benutzer daran, regelmäßig zu trainieren, sich gesund zu ernähren und ausreichend zu schlafen. Durch die Bereitstellung von personalisierten Empfehlungen und ständigen Erinnerungen helfen diese Apps den Benutzern, langfristige gesunde Gewohnheiten zu entwickeln und beizubehalten.

Unterstützung bei der Gewichtskontrolle
Viele KI-gestützte Fitness-Apps bieten Funktionen zur Überwachung und Kontrolle des Gewichts. Benutzer können ihre Gewichtsziele festlegen und die App bietet personalisierte Ernährungs- und Trainingspläne, um diese Ziele zu erreichen. Die kontinuierliche Überwachung des Gewichts und die Anpassung der Pläne helfen den Benutzern, ihr Gewicht effektiv zu managen und einen gesunden Lebensstil aufrechtzuerhalten.

Verbesserung der allgemeinen Fitness und Gesundheit
Durch die Kombination von regelmäßigen Workouts, gesunder Ernährung und der Verfolgung von Gesundheitsdaten können KI-gestützte Fitness-Apps die allgemeine Fitness und Gesundheit der Benutzer verbessern. Diese Apps bieten eine ganzheitliche Herangehensweise an die Gesundheit, indem sie verschiedene Aspekte des Lebensstils berücksichtigen und integrieren. Langfristig kann dies zu einer verbesserten körperlichen und geistigen Gesundheit führen.

Weitere Beispiele für KI-gestützte Fitness-Apps
Sworkit (Simply Work It) ist eine KI-gestützte Fitness-App, die personalisierte Workouts für Kraft, Cardio, Yoga und Stretching bietet. Benutzer können ihre Ziele und Zeitvorgaben angeben, und die App erstellt maßgeschneiderte Trainingspläne. Sworkit verwendet KI, um den Fortschritt der Benutzer zu überwachen und die Workouts entsprechend anzupassen. Fitbod ist eine App, die KI verwendet, um personalisierte Krafttrainingspläne zu erstellen. Basierend auf den Benutzerdaten und den verfügbaren Geräten

erstellt die App spezifische Übungen und passt die Intensität und das Volumen basierend auf dem Fortschritt und dem Feedback der Benutzer an. Fitbod bietet detaillierte Anweisungen und Echtzeit-Feedback, um die Trainingsqualität zu verbessern.

Jefit ist eine Fitness-App, die für Bodybuilding und Krafttraining entwickelt wurde. Die App verwendet KI, um personalisierte Trainingspläne zu erstellen und die Leistung der Benutzer zu analysieren. Jefit bietet auch eine große Datenbank mit Übungen und detaillierte Anleitungen zur richtigen Ausführung der Übungen.

Eight ist eine Schlaf- und Gesundheits-Tracking-App, die KI verwendet, um den Schlaf der Benutzer zu überwachen und zu verbessern. Die App bietet personalisierte Empfehlungen, um den Schlaf zu optimieren und die allgemeine Gesundheit zu verbessern. Eight kann auch mit anderen Fitness-Apps und Wearables integriert werden, um eine ganzheitliche Überwachung der Gesundheit zu ermöglichen.

Herausforderungen und Überlegungen

Datenschutz und Sicherheit

Eine der größten Herausforderungen bei der Nutzung von KI-gestützten Fitness-Apps ist der Datenschutz. Diese Apps sammeln eine große Menge an persönlichen Gesundheitsdaten, die sensibel und privat sind. Es ist wichtig, sicherzustellen, dass diese Daten sicher gespeichert und übertragen werden. Hersteller von Fitness-Apps müssen starke Sicherheitsmaßnahmen implementieren, um die Privatsphäre der Benutzer zu schützen.

Genauigkeit der Daten

Obwohl KI-gestützte Fitness-Apps immer genauer werden, gibt es immer noch Bedenken hinsichtlich der Genauigkeit der gesammelten Daten. Faktoren wie die Platzierung des Geräts, die Hautfarbe und die körperliche Aktivität können die Genauigkeit der Messungen beeinflussen. Es ist wichtig, diese Einschränkungen zu verstehen und die Daten im Kontext zu interpretieren.

Abhängigkeit von Technologie

Ein weiteres potenzielles Problem ist die Abhängigkeit von Technologie. Während KI-gestützte Fitness-Apps eine wertvolle Unterstützung bieten können, sollten sie nicht als Ersatz für professionelle medizinische Beratung und Betreuung betrachtet werden. Es ist wichtig, die Daten der Apps als ergänzende Information zu nutzen und bei gesundheitlichen Bedenken einen Arzt zu konsultieren.

Zukunftsperspektiven

Integration mit tragbaren Technologien

Die Integration von KI-gestützten Fitness-Apps mit tragbaren Technologien wie Smartwatches und Fitness-Trackern wird weiter zunehmen. Diese Integration ermöglicht eine nahtlose Überwachung und Analyse von Gesundheitsdaten und bietet den Benutzern ein umfassenderes Bild ihrer Fitness und Gesundheit. Die Zusammenarbeit zwischen App-Entwicklern und Herstellern von Wearables wird neue und innovative Funktionen hervorbringen.

Erweiterte Personalisierung

Mit fortschreitender Entwicklung der KI-Technologie wird die Personalisierung von Fitness-Apps noch weiter zunehmen. Zukünftige Apps werden in der Lage sein, noch detailliertere und präzisere Empfehlungen zu geben, die auf einer Vielzahl von Gesundheits- und Fitnessdaten basieren. Diese tiefere Personalisierung wird den Benutzern helfen, ihre Ziele schneller und effizienter zu erreichen.

Integration von Virtual Reality (VR) und Augmented Reality (AR)

Ein spannender Trend in der Fitnessbranche ist die Integration von Virtual Reality (VR) und Augmented Reality (AR) in Fitness-Apps. Diese Technologien bieten immersive und interaktive Trainingsmöglichkeiten, die das Trainingserlebnis verbessern können. Benutzer könnten virtuelle Fitnesskurse besuchen oder an AR-gestützten Fitnessspielen teilnehmen, die das Training unterhaltsamer und motivierender machen.

Erweiterung der Gesundheitsüberwachung

Zukünftige Fitness-Apps könnten auch eine erweiterte Gesundheitsüberwachung bieten, die über die traditionellen Fitness- und Aktivitätsdaten hinausgeht. Dies könnte die Überwachung von mentaler Gesundheit, Stresslevel und anderen wichtigen Gesundheitsparametern umfassen. Durch die Integration dieser Daten können die Apps eine ganzheitlichere Herangehensweise an die Gesundheit bieten und den Benutzern helfen, ein ausgeglichenes und gesundes Leben zu führen.

Fazit

KI-gestützte Fitness-Apps haben die Art und Weise, wie wir unsere Gesundheit und Fitness überwachen und verbessern, revolutioniert. Sie bieten personalisierte Trainingspläne, motivierende Inhalte und detaillierte Analysen, die den Benutzern helfen, ihre Ziele zu erreichen. Trotz einiger Herausforderungen bieten diese Apps immense Vorteile und haben das Potenzial, unsere Lebensqualität erheblich zu verbessern.

Indem wir die Möglichkeiten dieser Technologien nutzen und gleichzeitig auf Datenschutz und Datensicherheit achten, können wir die Vorteile von KI-gestützten Fitness-Apps voll ausschöpfen und einen positiven Einfluss auf unsere Gesundheit und Fitness nehmen. Die kontinuierliche Weiterentwicklung und Innovation in diesem Bereich wird sicherlich weiterhin neue und verbesserte Möglichkeiten bieten, um unsere Gesundheit zu überwachen und zu verbessern.

Kapitel 6: Sicherheit und Datenschutz

Die zunehmende Verbreitung von Künstlicher Intelligenz (KI) und smarten Geräten bringt erhebliche Vorteile für den Alltag mit sich. Allerdings geht diese Entwicklung auch mit neuen Risiken und Herausforderungen einher, insbesondere in Bezug auf Datensicherheit und Privatsphäre. In diesem Kapitel werden wir uns ausführlich mit den Risiken und Schutzmaßnahmen im Zusammenhang mit der Nutzung von KI und smarten Geräten befassen. Wir werden untersuchen, wie persönliche Daten geschützt werden können und welche ethischen Überlegungen bei der verantwortungsbewussten Nutzung von KI eine Rolle spielen.

Risiken und Schutzmaßnahmen: Datensicherheit und Privatsphäre

Die Integration von KI in unseren Alltag hat zu einer explosionsartigen Zunahme der gesammelten und verarbeiteten Daten geführt. Von Wearables, die Gesundheitsdaten aufzeichnen, bis hin zu Smart Home Geräten, die unsere täglichen Gewohnheiten überwachen – die Menge an sensiblen Daten, die gesammelt wird, ist enorm. Diese Daten bieten viele Vorteile, können aber auch erhebliche Risiken bergen, wenn sie nicht ordnungsgemäß geschützt werden.

1. Datenlecks und Hacking

Eines der offensichtlichsten Risiken im Zusammenhang mit der Nutzung von KI und smarten Geräten ist das Risiko von Datenlecks und Hacking. Hacker können Schwachstellen in der Software oder den Netzwerken ausnutzen, um auf sensible Daten zuzugreifen. Ein Datenleck kann zu einem massiven

Verlust an persönlichen Informationen führen, einschließlich Gesundheitsdaten, finanzieller Informationen und anderer sensibler Informationen.

Beispiel: Im Jahr 2019 wurden persönliche Daten von über 100 Millionen Nutzern von Fitness-Apps durch eine Sicherheitslücke offengelegt. Solche Vorfälle zeigen, wie wichtig es ist, robuste Sicherheitsmaßnahmen zu implementieren.

2. Missbrauch von Daten

Ein weiteres bedeutendes Risiko ist der Missbrauch von gesammelten Daten. Unternehmen können Daten sammeln und analysieren, um detaillierte Profile von Einzelpersonen zu erstellen. Diese Profile können dann ohne das Wissen oder die Zustimmung der Betroffenen verkauft oder für gezielte Werbung genutzt werden. Dies stellt nicht nur eine Verletzung der Privatsphäre dar, sondern kann auch zu Diskriminierung und anderen negativen Folgen führen.

3. Unbefugter Zugriff

Smart Home Geräte und andere vernetzte Systeme sind anfällig für unbefugten Zugriff. Kriminelle könnten diese Geräte hacken, um persönliche Daten zu stehlen, oder sie sogar zur Überwachung und Spionage nutzen. Unbefugter Zugriff auf smarte Sicherheitssysteme oder Kameras kann besonders bedrohlich sein.

4. Manipulation von Daten

Manipulation von Daten stellt ein weiteres ernstes Risiko dar. KI-Systeme, die auf fehlerhaften oder manipulierten Daten basieren, können falsche Entscheidungen treffen. Dies kann besonders problematisch sein, wenn es sich um Systeme handelt, die in kritischen Bereichen wie Gesundheit oder Sicherheit eingesetzt werden.

Schutzmaßnahmen

1. Starke Verschlüsselung

Eine der effektivsten Methoden zum Schutz von Daten ist die Verschlüsselung. Verschlüsselungstechnologien stellen sicher, dass Daten nur von autorisierten Benutzern gelesen werden können. Moderne Verschlüsselungsmethoden wie AES (Advanced Encryption Standard) und RSA (Rivest-Shamir-Adleman) sind äußerst sicher und sollten in allen smarten Geräten und Anwendungen verwendet werden.

2. Regelmäßige Software-Updates

Regelmäßige Software-Updates sind entscheidend, um Sicherheitslücken zu schließen und das System auf dem neuesten Stand zu halten. Hersteller sollten sicherstellen, dass ihre Geräte regelmäßig mit den neuesten Sicherheits-Patches und Updates versorgt werden. Benutzer sollten darauf achten, Updates sofort zu installieren, um Sicherheitslücken zu minimieren.

3. Starke Passwörter und Zwei-Faktor-Authentifizierung (2FA)

Die Verwendung starker Passwörter und die Aktivierung der Zwei-Faktor-Authentifizierung (2FA) sind grundlegende Maßnahmen zum Schutz von Konten und Geräten. Starke Passwörter sollten eine Kombination aus Buchstaben, Zahlen und Sonderzeichen enthalten und regelmäßig geändert werden. Die 2FA bietet eine zusätzliche Sicherheitsebene, indem sie neben dem Passwort einen zweiten Authentifizierungsschritt verlangt, wie einen Code, der an das Mobiltelefon gesendet wird.

4. Netzwerksicherheit

Ein sicheres Heimnetzwerk ist die Grundlage für den Schutz von Smart Home Geräten. Benutzer sollten sicherstellen, dass ihr WLAN-Netzwerk mit einem starken Passwort geschützt ist und die Verschlüsselung aktiviert ist. Es ist auch ratsam, ein separates Gastnetzwerk für smarte Geräte einzurichten, um das Hauptrnetzwerk vor möglichen Angriffen zu schützen.

5. Datenschutzrichtlinien und Einwilligungen

Benutzer sollten sich der Datenschutzrichtlinien und Einwilligungen bewusst sein, die sie bei der Nutzung von KI-gestützten Apps und Geräten akzeptieren. Es ist wichtig zu verstehen, welche Daten gesammelt werden, wie sie verwendet werden und mit wem sie geteilt werden. Unternehmen sollten transparente Datenschutzrichtlinien bereitstellen und sicherstellen, dass die Benutzer ihre Einwilligung zur Datenerfassung und -nutzung geben.

6. Regelmäßige Sicherheitsüberprüfungen

Regelmäßige Sicherheitsüberprüfungen und Audits sind unerlässlich, um sicherzustellen, dass die Datenschutzmaßnahmen wirksam sind. Unternehmen sollten unabhängige Sicherheitsüberprüfungen durchführen lassen, um Schwachstellen zu identifizieren und zu beheben. Benutzer sollten regelmäßig ihre Datenschutzeinstellungen überprüfen und sicherstellen, dass ihre Geräte und Konten geschützt sind.

7. Anonymisierung und Pseudonymisierung von Daten

Anonymisierung und Pseudonymisierung sind wichtige Techniken, um die Privatsphäre zu schützen. Durch die Anonymisierung werden persönliche Daten so verändert, dass sie nicht mehr auf eine bestimmte Person zurückgeführt werden können. Pseudonymisierung ersetzt persönliche Identifikatoren durch Pseudonyme, wodurch die Daten weniger sensibel werden. Diese Techniken können dazu beitragen, das Risiko von Datenschutzverletzungen zu verringern.

8. Benutzeraufklärung und -schulung

Benutzeraufklärung und -schulung sind entscheidend, um sicherzustellen, dass die Benutzer die Risiken verstehen und wissen, wie sie ihre Daten schützen können. Unternehmen sollten ihre Kunden über bewährte Sicherheitspraktiken informieren und ihnen Ressourcen zur Verfügung stellen, um ihre Privatsphäre zu schützen. Benutzer sollten sich regelmäßig über neue Sicherheitsbedrohungen und Schutzmaßnahmen informieren.

Fallstudien und reale Beispiele

Datenleak bei einer großen Fitness-App

Im Jahr 2018 erlebte eine der weltweit führenden Fitness-Apps einen erheblichen Datenleak, bei dem persönliche Daten von über 150 Millionen Nutzern offengelegt wurden. Die gehackten Informationen umfassten Benutzernamen, E-Mail-Adressen und verschlüsselte Passwörter. Dieser Vorfall zeigte, wie wichtig es ist, robuste Sicherheitsmaßnahmen zu implementieren und regelmäßig zu aktualisieren.

Manipulation von Gesundheitsdaten

Ein weiteres Beispiel betrifft die Manipulation von Gesundheitsdaten durch Hacker, die es auf Krankenhäuser und medizinische Einrichtungen abgesehen haben. Solche Angriffe können dazu führen, dass medizinische Geräte falsche Daten anzeigen, was zu gefährlichen Fehldiagnosen und Behandlungen führen kann. Krankenhäuser müssen daher strenge Sicherheitsprotokolle einführen, um solche Manipulationen zu verhindern.

Unbefugter Zugriff auf Smart Home Geräte

Es gab mehrere Fälle, in denen Hacker unbefugten Zugriff auf Smart Home Geräte erhielten, darunter Sicherheitskameras und Babyphones. Diese Vorfälle verdeutlichen die Notwendigkeit, starke Passwörter zu verwenden und Zwei-Faktor-Authentifizierung zu aktivieren, um den Zugriff auf diese Geräte zu schützen.

Erweiterung: Weitere Risiken und Schutzmaßnahmen

Neben den bereits erwähnten Risiken und Schutzmaßnahmen gibt es weitere Aspekte, die berücksichtigt werden sollten, um die Datensicherheit und Privatsphäre in einer zunehmend vernetzten Welt zu gewährleisten.

5. Phishing-Angriffe und Social Engineering

Phishing und Social Engineering sind häufige Methoden, die Angreifer nutzen, um an persönliche Informationen zu gelangen. Phishing-Angriffe erfolgen oft per E-Mail, bei denen die Angreifer vorgeben, von vertrauenswürdigen Institutionen zu stammen, um Benutzer dazu zu bringen, sensible Informationen preiszugeben oder schädliche Software herunterzuladen. Social Engineering nutzt psychologische Manipulation, um Menschen dazu zu bringen, vertrauliche Informationen preiszugeben.

Schutzmaßnahmen gegen Phishing und Social Engineering

Um sich vor Phishing und Social Engineering zu schützen, sollten Benutzer auf verdächtige E-Mails achten und niemals auf Links klicken oder Anhänge öffnen, wenn sie nicht sicher sind, dass die Quelle vertrauenswürdig ist. Unternehmen sollten ihre Mitarbeiter regelmäßig über die Gefahren von Phishing und Social Engineering schulen und ihnen beibringen, wie sie verdächtige Aktivitäten erkennen und melden können.

6. Datenmissbrauch durch Unternehmen

Ein weiteres Risiko besteht darin, dass Unternehmen die gesammelten Daten missbrauchen könnten. Dies kann durch den Verkauf von Daten an

Drittanbieter oder durch die Nutzung der Daten für Zwecke, denen die Benutzer nicht zugestimmt haben, geschehen. Dieser Missbrauch kann zu einer Verletzung der Privatsphäre führen und das Vertrauen der Benutzer in das Unternehmen untergraben.

Schutzmaßnahmen gegen Datenmissbrauch
Unternehmen sollten transparente Datenschutzrichtlinien haben und sicherstellen, dass die Benutzer verstehen, wie ihre Daten verwendet werden. Benutzer sollten die Datenschutzrichtlinien sorgfältig lesen und nur Unternehmen vertrauen, die einen guten Ruf für den Schutz der Privatsphäre haben. Darüber hinaus können Datenschutzgesetze und -verordnungen wie die Datenschutz-Grundverordnung (DSGVO) dazu beitragen, den Missbrauch von Daten durch Unternehmen zu verhindern.

7. Unsichere Schnittstellen und APIs
Viele Smart Home Geräte und Anwendungen nutzen Schnittstellen und APIs (Application Programming Interfaces) zur Kommunikation und zum Datenaustausch. Wenn diese Schnittstellen und APIs nicht sicher sind, können sie Schwachstellen darstellen, die von Angreifern ausgenutzt werden können, um auf sensible Daten zuzugreifen.

Schutzmaßnahmen gegen unsichere Schnittstellen und APIs
Entwickler sollten sicherstellen, dass alle Schnittstellen und APIs sicher gestaltet und regelmäßig auf Schwachstellen überprüft werden. Dazu gehört die Verwendung von sicheren Protokollen wie HTTPS und die

Implementierung von Authentifizierungs- und Autorisierungsmechanismen, um sicherzustellen, dass nur berechtigte Benutzer auf die Daten zugreifen können.

8. Unsichere Speicherpraktiken

Unsichere Speicherpraktiken können dazu führen, dass sensible Daten ungeschützt bleiben und von Angreifern leicht gestohlen werden können. Dies umfasst sowohl die Speicherung von Daten auf Geräten als auch in der Cloud.

Schutzmaßnahmen gegen unsichere Speicherpraktiken

Daten sollten immer verschlüsselt gespeichert werden, sowohl auf lokalen Geräten als auch in der Cloud. Unternehmen sollten sicherstellen, dass sie sichere Speicherpraktiken implementieren und regelmäßige Audits durchführen, um die Sicherheit der gespeicherten Daten zu überprüfen. Benutzer sollten darauf achten, dass ihre Geräte immer verschlüsselt sind und dass sie sichere Backup-Methoden verwenden.

9. Datenschutz bei Sprachassistenten

Sprachassistenten wie Amazon Alexa, Google Assistant und Apple Siri sammeln ständig Daten, um die Spracherkennung und die Benutzererfahrung zu verbessern. Diese Daten können jedoch auch Risiken für die Privatsphäre darstellen, da sie Gespräche und andere sensible Informationen enthalten können.

Schutzmaßnahmen für Sprachassistenten

Benutzer sollten die Datenschutzeinstellungen ihrer Sprachassistenten überprüfen und anpassen, um sicherzustellen, dass nur die notwendigen Daten gesammelt werden. Darüber hinaus sollten sie regelmäßig die gespeicherten Sprachaufzeichnungen überprüfen und löschen, um ihre Privatsphäre zu schützen. Unternehmen sollten sicherstellen, dass die Sprachdaten sicher gespeichert und nur für die notwendigen Zwecke verwendet werden.

Verantwortungsbewusste Nutzung von KI: Ethik und Verantwortung

Die Nutzung von KI bringt nicht nur technische, sondern auch ethische Herausforderungen mit sich. Verantwortungsbewusste Nutzung von KI erfordert, dass Unternehmen und Entwickler ethische Überlegungen in ihre Entscheidungen und Praktiken einbeziehen. Dies umfasst den Schutz der Privatsphäre, die Vermeidung von Diskriminierung und die Sicherstellung von Transparenz und Fairness.

Transparenz und Einwilligung

Eine der grundlegenden ethischen Überlegungen bei der Nutzung von KI ist die Transparenz. Benutzer sollten klar informiert werden, welche Daten gesammelt werden, wie sie verwendet werden und mit wem sie geteilt werden. Transparente Datenschutzrichtlinien und klare Einwilligungsverfahren sind unerlässlich, um das Vertrauen der Benutzer zu gewinnen und aufrechtzuerhalten.

Fairness und Nichtdiskriminierung

KI-Systeme müssen so gestaltet werden, dass sie fair und nicht diskriminierend sind. Dies bedeutet, dass sie keine voreingenommenen oder diskriminierenden Entscheidungen treffen dürfen. Entwickler sollten sicherstellen, dass ihre Algorithmen auf einer vielfältigen und repräsentativen Datenbasis trainiert werden, um Verzerrungen zu vermeiden.

Verantwortlichkeit und Rechenschaftspflicht

Unternehmen und Entwickler müssen für die Entscheidungen und Handlungen ihrer KI-Systeme verantwortlich und rechenschaftspflichtig sein. Dies umfasst die Implementierung von Mechanismen zur Überwachung und Kontrolle der KI-Systeme sowie die Möglichkeit, Entscheidungen und Handlungen nachzuvollziehen und zu überprüfen.

Minimaldatenprinzip

Das Minimaldatenprinzip besagt, dass nur die unbedingt notwendigen Daten gesammelt und verwendet werden sollten. Dies hilft, das Risiko von Datenschutzverletzungen zu minimieren und die Privatsphäre der Benutzer zu schützen. Unternehmen sollten ihre Datenerfassungspraktiken regelmäßig überprüfen und sicherstellen, dass sie nur die notwendigen Daten sammeln.

Datenschutz durch Design

Datenschutz durch Design bedeutet, dass Datenschutz und Datensicherheit von Anfang an in die Entwicklung von Systemen und Anwendungen integriert werden. Dies umfasst die Implementierung von

Datenschutzmaßnahmen in allen Phasen des Entwicklungsprozesses und die regelmäßige Überprüfung und Aktualisierung dieser Maßnahmen.

Anonymisierung und Pseudonymisierung

Wie bereits erwähnt, sind Anonymisierung und Pseudonymisierung wichtige Techniken, um die Privatsphäre zu schützen. Unternehmen sollten diese Techniken nutzen, um sicherzustellen, dass persönliche Daten nicht ohne Zustimmung der Benutzer identifiziert werden können.

Transparenz und Aufklärung

Unternehmen, die KI-Technologien entwickeln und einsetzen, haben eine gesellschaftliche Verantwortung, die Öffentlichkeit über die Nutzung von KI und deren Auswirkungen aufzuklären. Dies umfasst die Bereitstellung von Informationen darüber, wie KI funktioniert, welche Daten gesammelt werden und wie diese Daten genutzt werden. Durch transparente Kommunikation können Unternehmen das Vertrauen der Öffentlichkeit gewinnen und ethische Bedenken adressieren.

Partizipation und Mitbestimmung

Die Entwicklung und Nutzung von KI sollte partizipativ gestaltet werden, indem verschiedene Interessengruppen einbezogen werden. Dies umfasst die Einbeziehung von Benutzern, Datenschutzexperten, Ethikern und anderen relevanten Akteuren in den Entwicklungsprozess. Durch partizipative Ansätze können Unternehmen sicherstellen, dass unterschiedliche

Perspektiven berücksichtigt werden und dass die Interessen und Bedürfnisse der Benutzer im Mittelpunkt stehen.

Soziale Gerechtigkeit und Zugang

KI-Technologien sollten so gestaltet und eingesetzt werden, dass sie zur sozialen Gerechtigkeit beitragen und den Zugang zu wichtigen Dienstleistungen und Informationen verbessern. Dies umfasst die Entwicklung von KI-Systemen, die für alle Bevölkerungsgruppen zugänglich und nutzbar sind, unabhängig von ihrem sozioökonomischen Status, ihrer ethnischen Zugehörigkeit oder anderen Faktoren.

Fazit

Die zunehmende Verbreitung von KI und smarten Geräten bringt erhebliche Vorteile, aber auch erhebliche Risiken für die Datensicherheit und Privatsphäre mit sich. Es ist unerlässlich, dass sowohl Benutzer als auch Unternehmen Maßnahmen ergreifen, um diese Risiken zu minimieren und eine verantwortungsbewusste Nutzung von KI sicherzustellen. Durch den Einsatz starker Verschlüsselung, regelmäßiger Software-Updates, starker Passwörter und Zwei-Faktor-Authentifizierung, Netzwerksicherheit, transparenten Datenschutzrichtlinien und regelmäßigen Sicherheitsüberprüfungen können die Datenschutzrisiken erheblich reduziert werden.

Darüber hinaus müssen ethische Überlegungen in den Entwicklungs- und Einsatzprozess von KI integriert werden, um Transparenz, Fairness und Rechenschaftspflicht zu gewährleisten. Durch partizipative Ansätze und die

Förderung von sozialer Gerechtigkeit und Zugang können Unternehmen sicherstellen, dass die Vorteile der KI-Technologie allen zugutekommen und dass ethische Bedenken angemessen berücksichtigt werden. Leider kann ich in diesem Ratgeber nicht ausführlicher in die Datenschutzthematik einsteigen, da dies den Rahmen sprengen würde.

Ausblick

Mit der Weiterentwicklung der KI-Technologie werden auch die Sicherheitsbedrohungen und Datenschutzrisiken zunehmen. Es ist wichtig, dass wir uns kontinuierlich weiterbilden und anpassen, um diesen Herausforderungen zu begegnen. Die Zukunft wird zweifellos neue Technologien und Innovationen bringen, die unsere Welt noch stärker vernetzen. Gleichzeitig müssen wir jedoch sicherstellen, dass unsere Daten sicher bleiben und unsere Privatsphäre geschützt wird.

Durch den Einsatz fortschrittlicher Sicherheitsmaßnahmen und die Förderung eines bewussten Umgangs mit Daten können wir eine sichere und vertrauenswürdige digitale Umgebung schaffen, in der die Vorteile der KI voll ausgeschöpft werden können, ohne unsere Sicherheit und Privatsphäre zu gefährden.

Verantwortungsbewusste Nutzung von KI: Ethik und Verantwortung

Die rasante Entwicklung der Künstlichen Intelligenz (KI) hat zahlreiche Möglichkeiten eröffnet, bringt aber auch erhebliche ethische

Herausforderungen mit sich. Die verantwortungsbewusste Nutzung von KI erfordert, dass Unternehmen, Entwickler und Nutzer ethische Überlegungen in ihre Entscheidungen und Praktiken einbeziehen. In diesem Abschnitt werden wir uns eingehend mit den ethischen und verantwortungsbewussten Aspekten der KI-Nutzung befassen, einschließlich des Schutzes der Privatsphäre, der Vermeidung von Diskriminierung und der Sicherstellung von Transparenz und Fairness.

KI hat das Potenzial, viele Bereiche unseres Lebens zu verbessern, von der Gesundheitsversorgung über die Bildung bis hin zur Wirtschaft. Gleichzeitig wirft die Nutzung von KI erhebliche ethische Fragen auf, die sorgfältig bedacht und angegangen werden müssen. Ohne ein klares ethisches Rahmenwerk könnten KI-Systeme zu schädlichen Ergebnissen führen, einschließlich Diskriminierung, Verletzung der Privatsphäre und unkontrollierter Machtausübung durch diejenigen, die über die Technologie verfügen.

Transparenz und Einwilligung

Eine der grundlegenden ethischen Überlegungen bei der Nutzung von KI ist die Transparenz. Benutzer sollten klar informiert werden, welche Daten gesammelt werden, wie sie verwendet werden und mit wem sie geteilt werden. Transparente Datenschutzrichtlinien und klare Einwilligungsverfahren sind unerlässlich, um das Vertrauen der Benutzer zu gewinnen und aufrechtzuerhalten.

Transparenz bedeutet auch, dass die Algorithmen und Entscheidungsprozesse von KI-Systemen nachvollziehbar und verständlich sein müssen. Dies ist besonders wichtig in Bereichen wie der Strafjustiz oder der Kreditvergabe, wo die Entscheidungen erhebliche Auswirkungen auf das Leben der Menschen haben können. Algorithmen sollten überprüfbar sein und es sollte möglich sein, ihre Entscheidungen zu hinterfragen und zu verstehen.

Einwilligung ist ein weiteres zentrales Element der ethischen Nutzung von KI. Benutzer müssen informiert und freiwillig zustimmen, bevor ihre Daten gesammelt und verarbeitet werden. Diese Zustimmung sollte auf klaren und verständlichen Informationen basieren, sodass die Benutzer genau wissen, worauf sie sich einlassen.

Die Einholung einer informierten Einwilligung kann jedoch eine Herausforderung darstellen, insbesondere in komplexen Systemen, in denen die Verwendung der Daten nicht immer offensichtlich ist. Es ist daher wichtig, dass Unternehmen und Entwickler transparente und zugängliche Methoden zur Einholung der Einwilligung implementieren und sicherstellen, dass die Benutzer jederzeit ihre Zustimmung widerrufen können.

Fairness und Nichtdiskriminierung

KI-Systeme sind nur so gut wie die Daten, auf denen sie trainiert wurden. Wenn die Trainingsdaten voreingenommen sind, werden auch die Ergebnisse der KI voreingenommen sein. Dies kann zu diskriminierenden Entscheidungen führen, die bestimmte Gruppen von Menschen benachteiligen. Es ist daher von entscheidender Bedeutung, dass Entwickler sicherstellen, dass ihre Algorithmen auf vielfältigen und repräsentativen Daten basieren.

Audit und Überprüfung

Regelmäßige Audits und Überprüfungen der KI-Systeme sind notwendig, um sicherzustellen, dass sie fair und nicht diskriminierend sind. Diese Überprüfungen sollten von unabhängigen Dritten durchgeführt werden, um objektive Ergebnisse zu gewährleisten. Bei der Feststellung von Verzerrungen sollten Maßnahmen ergriffen werden, um diese zu korrigieren und zukünftige Verzerrungen zu vermeiden.

Ethikkommissionen und Richtlinien

Die Einrichtung von Ethikkommissionen und die Entwicklung klarer ethischer Richtlinien können dazu beitragen, dass die Entwicklung und Nutzung von KI-Systemen fair und gerecht erfolgt. Diese Kommissionen sollten sich aus Experten aus verschiedenen Bereichen zusammensetzen, darunter Technik, Recht, Ethik und die betroffenen Gemeinschaften. Ihre Aufgabe wäre es, die Einhaltung ethischer Standards zu überwachen und sicherzustellen, dass die KI-Systeme den Prinzipien der Fairness und Nichtdiskriminierung entsprechen.

Verantwortlichkeit der Entwickler und Unternehmen

Entwickler und Unternehmen müssen für die Entscheidungen und Handlungen ihrer KI-Systeme verantwortlich und rechenschaftspflichtig sein. Dies bedeutet, dass sie Mechanismen zur Überwachung und Kontrolle der KI-Systeme implementieren müssen, um sicherzustellen, dass diese wie beabsichtigt funktionieren und keine schädlichen Auswirkungen haben.

Erklärungspflicht

Unternehmen und Entwickler sollten verpflichtet sein, die Funktionsweise ihrer KI-Systeme zu erklären und zu rechtfertigen. Dies umfasst die Bereitstellung detaillierter Informationen darüber, wie die Algorithmen arbeiten, welche Daten verwendet werden und wie Entscheidungen getroffen werden. Diese Erklärungen sollten so gestaltet sein, dass sie auch für Nicht-Experten verständlich sind.

Rechtsmittel und Wiedergutmachung

Es ist wichtig, dass es Mechanismen gibt, die es den Betroffenen ermöglichen, gegen Entscheidungen von KI-Systemen Einspruch zu erheben und Wiedergutmachung zu verlangen. Dies kann durch die Schaffung von Ombudsstelle oder Beschwerdestellen erfolgen, die in der Lage sind, Beschwerden zu bearbeiten und Lösungen anzubieten. Die Betroffenen sollten das Recht haben, Entscheidungen anzufechten und bei Bedarf eine menschliche Überprüfung zu verlangen.

Minimaldatenprinzip

Das Minimaldatenprinzip besagt, dass nur die unbedingt notwendigen Daten gesammelt und verwendet werden sollten. Dies hilft, das Risiko von Datenschutzverletzungen zu minimieren und die Privatsphäre der Benutzer zu schützen. Unternehmen sollten ihre Datenerfassungspraktiken regelmäßig überprüfen und sicherstellen, dass sie nur die notwendigen Daten sammeln.

Datenschutz durch Design

Datenschutz durch Design bedeutet, dass Datenschutz und Datensicherheit von Anfang an in die Entwicklung von Systemen und Anwendungen integriert werden. Dies umfasst die Implementierung von Datenschutzmaßnahmen in allen Phasen des Entwicklungsprozesses und die regelmäßige Überprüfung und Aktualisierung dieser Maßnahmen.

Anonymisierung und Pseudonymisierung

Anonymisierung und Pseudonymisierung sind wichtige Techniken, um die Privatsphäre zu schützen. Unternehmen sollten diese Techniken nutzen, um sicherzustellen, dass persönliche Daten nicht ohne Zustimmung der Benutzer identifiziert werden können.

Transparenz und Aufklärung

Unternehmen, die KI-Technologien entwickeln und einsetzen, haben eine gesellschaftliche Verantwortung, die Öffentlichkeit über die Nutzung von KI und deren Auswirkungen aufzuklären. Dies umfasst die Bereitstellung von Informationen darüber, wie KI funktioniert, welche Daten gesammelt werden und wie diese Daten genutzt werden. Durch transparente Kommunikation können Unternehmen das Vertrauen der Öffentlichkeit gewinnen und ethische Bedenken adressieren.

Partizipation und Mitbestimmung

Die Entwicklung und Nutzung von KI sollte partizipativ gestaltet werden, indem verschiedene Interessengruppen einbezogen werden. Dies umfasst die

Einbeziehung von Benutzern, Datenschutzexperten, Ethikern und anderen relevanten Akteuren in den Entwicklungsprozess. Durch partizipative Ansätze können Unternehmen sicherstellen, dass unterschiedliche Perspektiven berücksichtigt werden und dass die Interessen und Bedürfnisse der Benutzer im Mittelpunkt stehen.

Soziale Gerechtigkeit und Zugang

KI-Technologien sollten so gestaltet und eingesetzt werden, dass sie zur sozialen Gerechtigkeit beitragen und den Zugang zu wichtigen Dienstleistungen und Informationen verbessern. Dies umfasst die Entwicklung von KI-Systemen, die für alle Bevölkerungsgruppen zugänglich und nutzbar sind, unabhängig von ihrem sozioökonomischen Status, ihrer ethnischen Zugehörigkeit oder anderen Faktoren.

Nachhaltigkeit und Umweltverantwortung

Ein weiterer wichtiger Aspekt der gesellschaftlichen Verantwortung ist die Berücksichtigung der Nachhaltigkeit und der Umwelt. Die Entwicklung und der Betrieb von KI-Systemen können erhebliche Ressourcen erfordern und Umweltbelastungen verursachen. Unternehmen sollten daher bestrebt sein, ihre Umweltauswirkungen zu minimieren und nachhaltige Praktiken zu fördern. Dies umfasst die Nutzung erneuerbarer Energien, die Optimierung der Energieeffizienz und die Förderung von Recycling und Wiederverwendung.

Ethik in der Ausbildung

Es ist wichtig, dass ethische Überlegungen ein integraler Bestandteil der Ausbildung von Entwicklern und anderen Fachleuten im Bereich der KI sind. Ausbildungsprogramme sollten ethische Fragestellungen und die Prinzipien der verantwortungsvollen Nutzung von KI in ihren Lehrplan aufnehmen. Dies hilft, ein Bewusstsein für die ethischen Herausforderungen zu schaffen und sicherzustellen, dass zukünftige Entwickler und Entscheidungsträger diese Überlegungen in ihre Arbeit einbeziehen.

Öffentliche Aufklärung und Bewusstseinsschaffung

Neben der Ausbildung von Fachleuten ist es auch wichtig, die breite Öffentlichkeit über die ethischen Herausforderungen und Verantwortlichkeiten im Zusammenhang mit der Nutzung von KI aufzuklären. Öffentliche Aufklärungskampagnen, Informationsveranstaltungen und Bildungsprogramme können dazu beitragen, das Bewusstsein zu schärfen und die Öffentlichkeit über die Chancen und Risiken der KI-Technologie zu informieren.

Internationale Zusammenarbeit und Regulierung

Die Entwicklung globaler ethischer Standards und Richtlinien für die Nutzung von KI ist von entscheidender Bedeutung. Internationale Zusammenarbeit kann dazu beitragen, gemeinsame Prinzipien und Best Practices zu entwickeln, die sicherstellen, dass KI-Technologien weltweit verantwortungsvoll eingesetzt werden. Organisationen wie die Vereinten

Nationen und die Europäische Union arbeiten bereits an der Entwicklung solcher Standards und Richtlinien.

Regulierungen sollten sowohl auf nationaler als auch auf internationaler Ebene erfolgen, um sicherzustellen, dass KI-Technologien verantwortungsbewusst genutzt werden. Auf nationaler Ebene sollten Regierungen Gesetze erlassen, die den Datenschutz, die Transparenz und die Rechenschaftspflicht von KI-Systemen sicherstellen. Diese Gesetze könnten Bestimmungen zur Einwilligung der Nutzer, zur Anonymisierung von Daten und zur Überwachung und Prüfung von KI-Systemen enthalten.

Auf internationaler Ebene sollten Länder zusammenarbeiten, um gemeinsame Standards und Vorschriften zu entwickeln. Dies könnte durch internationale Abkommen oder durch die Zusammenarbeit in internationalen Organisationen wie den Vereinten Nationen oder der Europäischen Union geschehen. Durch die Schaffung harmonisierter Regelungen können Länder sicherstellen, dass KI-Technologien weltweit auf eine Weise genutzt werden, die ethische Prinzipien respektiert und die Rechte der Nutzer schützt.

Beispiele für bestehende Regulierungen

Ein Beispiel für bestehende Regulierungen ist die Datenschutz-Grundverordnung (DSGVO) der Europäischen Union. Die DSGVO stellt strenge Anforderungen an die Verarbeitung personenbezogener Daten und setzt hohe Standards für die Transparenz, Einwilligung und Sicherheit bei der Datenverarbeitung. Diese Verordnung dient als Modell für andere Länder und zeigt, wie umfassende Datenschutzgesetze aussehen können. Ein weiteres Beispiel ist der "Algorithmic Accountability Act" in den USA, der darauf abzielt, Transparenz und Rechenschaftspflicht bei der Entwicklung und Nutzung von KI-Systemen zu fördern. Dieses Gesetz erfordert von Unternehmen, die KI-Systeme entwickeln, dass sie die potenziellen Risiken und Auswirkungen ihrer Technologien bewerten und Maßnahmen ergreifen, um schädliche Folgen zu vermeiden.

Erklärungspflicht und Offenlegung

Um sicherzustellen, dass KI-Systeme transparent und nachvollziehbar sind, sollten Unternehmen verpflichtet werden, Informationen über die Funktionsweise ihrer Algorithmen und die Daten, die sie verwenden, offenzulegen. Diese Informationen sollten in einer Weise bereitgestellt werden, die für die Nutzer verständlich ist. Transparenzberichte und regelmäßige Updates über die Funktionsweise und die Auswirkungen der KI-Systeme können dazu beitragen, das Vertrauen der Öffentlichkeit zu stärken.

Nachvollziehbarkeit der Entscheidungen

KI-Systeme sollten so gestaltet sein, dass ihre Entscheidungen nachvollziehbar und überprüfbar sind. Dies bedeutet, dass die Systeme in der Lage sein sollten, die Gründe für ihre Entscheidungen zu erklären und zu rechtfertigen. Nachvollziehbarkeit ist besonders wichtig in sensiblen Bereichen wie der Gesundheitsversorgung, der Strafjustiz und der Kreditvergabe, wo die Entscheidungen der KI-Systeme erhebliche Auswirkungen auf das Leben der Menschen haben können.

Verantwortungsethik in der KI-Entwicklung

Entwickler und Unternehmen, die KI-Systeme entwickeln und einsetzen, tragen eine besondere Verantwortung, sicherzustellen, dass ihre Technologien ethisch vertretbar sind. Dies bedeutet, dass sie die potenziellen Risiken und Auswirkungen ihrer Technologien sorgfältig bewerten und Maßnahmen ergreifen müssen, um schädliche Folgen zu vermeiden. Eine verantwortungsbewusste KI-Entwicklung sollte ethische Überlegungen von Anfang an in den Entwicklungsprozess integrieren.

Unternehmensrichtlinien und Ethikleitlinien

Unternehmen sollten klare Richtlinien und Ethikleitlinien entwickeln, die den Einsatz von KI-Technologien regeln. Diese Richtlinien sollten Best Practices für den Datenschutz, die Transparenz, die Rechenschaftspflicht und die Vermeidung von Diskriminierung festlegen. Darüber hinaus sollten Unternehmen Mechanismen einrichten, um die Einhaltung dieser Richtlinien zu überwachen und regelmäßig zu überprüfen.

Ethikbeauftragte und Ethikkommissionen

Ein effektiver Ansatz zur Sicherstellung der ethischen Nutzung von KI besteht darin, Ethikbeauftragte oder Ethikkommissionen innerhalb der Organisation zu ernennen. Diese Gremien sollten aus Fachleuten verschiedener Disziplinen bestehen, darunter Ethik, Recht, Technik und Sozialwissenschaften. Ihre Aufgabe wäre es, die Einhaltung ethischer Standards zu überwachen und Empfehlungen zur Verbesserung der ethischen Praktiken zu geben.

Gesellschaftliche Verantwortung und Partizipation

Die Entwicklung und Nutzung von KI-Technologien sollte nicht in Isolation erfolgen. Es ist wichtig, die Öffentlichkeit in den Prozess einzubeziehen und sicherzustellen, dass die Meinungen und Bedenken der Nutzer gehört und berücksichtigt werden. Dies kann durch öffentliche Konsultationen, Bürgerforen und andere partizipative Ansätze erreicht werden.

Partizipative Entwicklung und Ko-Kreation

Partizipative Entwicklung und Ko-Kreation sind Ansätze, bei denen Entwickler und Nutzer zusammenarbeiten, um KI-Systeme zu entwerfen und zu implementieren. Durch die Einbeziehung der Nutzer in den Entwicklungsprozess können Entwickler sicherstellen, dass die Systeme den Bedürfnissen und Erwartungen der Nutzer entsprechen. Dies trägt auch dazu bei, das Vertrauen in die Technologie zu stärken und die Akzeptanz der KI-Systeme zu erhöhen.

Verantwortungsvolle Innovationskultur

Eine verantwortungsvolle Innovationskultur erfordert, dass Unternehmen und Entwickler ethische Überlegungen als integralen Bestandteil ihrer Innovationsstrategien betrachten. Dies bedeutet, dass sie nicht nur auf wirtschaftlichen Erfolg und technologische Fortschritte abzielen, sondern auch die sozialen und ethischen Auswirkungen ihrer Technologien berücksichtigen. Eine solche Kultur kann durch Schulungen, Workshops und den Austausch bewährter Praktiken gefördert werden.

Nachhaltigkeit und Umweltauswirkungen

KI-Technologien haben das Potenzial, erheblich zur Nachhaltigkeit beizutragen, indem sie Prozesse optimieren, den Ressourcenverbrauch reduzieren und umweltfreundliche Lösungen fördern. Gleichzeitig ist es wichtig, die Umweltauswirkungen der Entwicklung und des Betriebs von KI-Systemen zu berücksichtigen. Dies umfasst den Energieverbrauch von Rechenzentren, die Nutzung seltener Ressourcen und die Entsorgung von Elektronikschrott.

Nachhaltige Entwicklung und grünes Computing

Nachhaltige Entwicklung und grünes Computing sind Ansätze, die darauf abzielen, die Umweltauswirkungen von Technologien zu minimieren. Unternehmen sollten bestrebt sein, energieeffiziente Rechenzentren zu betreiben, erneuerbare Energien zu nutzen und umweltfreundliche Hardware zu entwickeln. Darüber hinaus sollten sie Strategien zur Reduzierung von Abfall und zur Förderung des Recyclings implementieren.

Ethik und Gerechtigkeit in der globalen Perspektive

Die ethischen Herausforderungen der KI-Nutzung betreffen nicht nur einzelne Länder, sondern die gesamte Weltgemeinschaft. Es ist wichtig, globale Perspektiven und Gerechtigkeitsfragen zu berücksichtigen, um sicherzustellen, dass die Vorteile der KI-Technologien fair verteilt und die Risiken gerecht gemanagt werden. Dies erfordert internationale

Zusammenarbeit und die Entwicklung gemeinsamer ethischer Prinzipien und Standards.

Fazit

Die verantwortungsbewusste Nutzung von KI erfordert ein tiefes Verständnis der ethischen Herausforderungen und eine starke Verpflichtung zur Einhaltung ethischer Prinzipien. Dies umfasst den Schutz der Privatsphäre, die Vermeidung von Diskriminierung, die Sicherstellung von Transparenz und Rechenschaftspflicht sowie die Förderung von Nachhaltigkeit und sozialer Gerechtigkeit.

Durch die Implementierung starker ethischer Richtlinien, die Förderung einer verantwortungsvollen Innovationskultur und die Einbeziehung der Öffentlichkeit können Unternehmen und Entwickler sicherstellen, dass KI-Technologien auf eine Weise genutzt werden, die den Menschen dient und die Gesellschaft als Ganzes verbessert.

Die Zukunft der KI bietet viele spannende Möglichkeiten, aber auch erhebliche Verantwortung. Indem wir ethische Überlegungen in den Mittelpunkt unserer Entscheidungen stellen und gemeinsam daran arbeiten, eine faire und gerechte technologische Zukunft zu gestalten, können wir die Vorteile der KI voll ausschöpfen und gleichzeitig ihre Risiken minimieren.

Ausblick

Mit der Weiterentwicklung der KI-Technologie werden sich auch die ethischen Herausforderungen weiterentwickeln. Es ist entscheidend, dass wir als Gesellschaft flexibel und anpassungsfähig bleiben, um auf neue ethische

Dilemmata und technologische Entwicklungen angemessen reagieren zu können. Die kontinuierliche Weiterentwicklung von ethischen Standards, die Schaffung neuer Regulierungsrahmen und die Förderung einer globalen Zusammenarbeit werden entscheidend sein, um die verantwortungsbewusste Nutzung von KI zu gewährleisten.

Durch den Einsatz fortschrittlicher Sicherheitsmaßnahmen und die Förderung eines bewussten Umgangs mit Daten können wir eine sichere und vertrauenswürdige digitale Umgebung schaffen, in der die Vorteile der KI voll ausgeschöpft werden können, ohne unsere Sicherheit und Privatsphäre zu gefährden. In einer Welt, die zunehmend von KI geprägt ist, liegt es in unserer gemeinsamen Verantwortung, die Technologie so zu gestalten und zu nutzen, dass sie dem Wohl der Menschheit dient und ethische Prinzipien respektiert.

Kapitel 7: KI in der persönlichen Finanzenverwaltung

Die Verwaltung der persönlichen Finanzen kann eine komplexe und zeitaufwändige Aufgabe sein, die viele Menschen oft überfordert. Dank der Fortschritte in der Künstlichen Intelligenz (KI) gibt es jedoch immer mehr Tools und Anwendungen, die diesen Prozess erheblich vereinfachen können. KI-basierte Systeme bieten personalisierte Unterstützung, um das Finanzmanagement effizienter und benutzerfreundlicher zu gestalten. Diese Systeme können in einer Vielzahl von Bereichen eingesetzt werden, von der Budgetierung über die Investitionsplanung bis hin zur Kreditüberwachung. Einer der größten Vorteile von KI in der Finanzverwaltung ist die Möglichkeit, personalisierte Finanzberatung zu bieten. Traditionell mussten Menschen sich auf Finanzberater oder komplexe Software verlassen, um ihre Finanzen zu verwalten. KI-gestützte Apps und Plattformen können jedoch eine maßgeschneiderte Beratung anbieten, die auf den individuellen Bedürfnissen und finanziellen Zielen basiert. Diese Systeme analysieren die Einnahmen und Ausgaben eines Benutzers und bieten personalisierte Empfehlungen zur Verbesserung der finanziellen Gesundheit. Ein Beispiel hierfür sind Apps, die auf maschinellem Lernen basieren, um Muster in den Ausgaben und Einnahmen eines Benutzers zu erkennen. Diese Apps können automatisch Sparmöglichkeiten identifizieren, Ausgaben überwachen und den Benutzer benachrichtigen, wenn sein Ausgabeverhalten von den festgelegten Zielen abweicht. Solche personalisierten Einblicke helfen den Nutzern, fundierte Entscheidungen zu treffen und ihre finanziellen Ziele effizienter zu erreichen. Ein weiterer bedeutender Vorteil von KI in der persönlichen Finanzverwaltung ist die Automatisierung von

Routineaufgaben. Aufgaben wie das Nachverfolgen von Ausgaben, das Bezahlen von Rechnungen und das Überwachen von Investitionen können zeitaufwendig sein und erfordern eine ständige Aufmerksamkeit. KI-gestützte Systeme können viele dieser Aufgaben automatisieren, wodurch der Benutzer Zeit spart und sich auf wichtigere Entscheidungen konzentrieren kann. Zum Beispiel können KI-basierte Budgetierungs-Apps automatisch Transaktionen kategorisieren und Budgets erstellen, die auf den vergangenen Ausgabengewohnheiten basieren. Diese Automatisierung reduziert den manuellen Aufwand und minimiert die Wahrscheinlichkeit von Fehlern. Darüber hinaus können solche Systeme regelmäßige Rechnungen automatisch bezahlen und den Benutzer benachrichtigen, wenn eine Rechnung fällig ist oder ein ungewöhnlicher Aufwand festgestellt wird. Die Verwaltung von Investitionen ist ein Bereich, in dem KI erhebliche Vorteile bieten kann. Traditionell mussten Anleger umfangreiche Recherchen durchführen und komplexe Finanzdaten analysieren, um fundierte Investitionsentscheidungen zu treffen. KI-gestützte Investitionsplattformen können diesen Prozess erheblich vereinfachen, indem sie große Datenmengen analysieren und personalisierte Investitionsstrategien entwickeln. Diese Plattformen nutzen Algorithmen des maschinellen Lernens, um Markttrends zu analysieren, Risiken zu bewerten und optimale Investitionsstrategien zu empfehlen. Sie können kontinuierlich die Performance des Portfolios überwachen und Anpassungen vornehmen, um die Renditen zu maximieren und Risiken zu minimieren. Solche Systeme sind besonders nützlich für Anleger, die keine tiefgehenden Kenntnisse des Finanzmarktes haben, aber dennoch von professionellen Investitionsstrategien profitieren möchten. KI spielt auch eine wichtige Rolle bei der Überwachung und Verwaltung von Krediten. Kreditmanagement-Apps nutzen KI, um die Kreditwürdigkeit der Benutzer zu überwachen, Kreditangebote zu vergleichen und Benachrichtigungen zu senden, wenn Maßnahmen erforderlich sind, um die Kreditwürdigkeit zu verbessern. Diese Systeme können den Benutzern helfen, bessere Kreditentscheidungen zu treffen und ihre Kreditwürdigkeit zu optimieren. Zum Beispiel können KI-gestützte Systeme kontinuierlich die Kreditberichte der Benutzer überwachen und sie benachrichtigen, wenn sich ihre Kreditwürdigkeit ändert oder wenn potenziell schädliche Aktivitäten erkannt werden. Solche Systeme können auch personalisierte Empfehlungen zur Verbesserung der Kreditwürdigkeit geben, wie z.B. die Reduzierung von Schulden oder die Erhöhung der Kreditlimits. Ein wichtiger Aspekt der Nutzung von KI in der Finanzverwaltung ist der Datenschutz und die Sicherheit. Da diese Systeme auf große Mengen sensibler finanzieller Daten zugreifen, ist es entscheidend, dass sie robust gegen Cyberangriffe sind und den Datenschutz der Benutzer gewährleisten. Entwickler solcher Systeme müssen sicherstellen, dass sie starke Sicherheitsmaßnahmen implementieren, einschließlich Verschlüsselung, Authentifizierung und regelmäßiger Sicherheitsüberprüfungen. Einige KI-gestützte Finanz-Apps bieten auch Funktionen zur Identitätsüberwachung und zum Schutz vor Betrug. Diese Funktionen können ungewöhnliche Aktivitäten erkennen und den Benutzer warnen, um unbefugte Transaktionen zu verhindern und die Sicherheit der finanziellen Daten zu gewährleisten. Die Benutzerfreundlichkeit ist ein weiterer wichtiger Faktor, der die Akzeptanz von KI-gestützten Finanzmanagement-Tools beeinflusst. Moderne Apps und Plattformen sind darauf ausgelegt, intuitiv und benutzerfreundlich zu sein, sodass auch Personen ohne umfangreiche finanzielle Kenntnisse diese effektiv nutzen können. Durch einfache Benutzeroberflächen und klare Anweisungen können Benutzer leicht auf wichtige Finanzinformationen zugreifen und fundierte Entscheidungen treffen. Darüber hinaus verbessern KI-Systeme die Zugänglichkeit, indem sie Finanzdienstleistungen für eine breitere Bevölkerungsschicht verfügbar machen. Menschen, die keinen Zugang zu traditionellen Finanzberatern haben oder sich diese nicht leisten können, können von den kostengünstigen und benutzerfreundlichen KI-gestützten Finanzmanagement-Tools profitieren.

Budgetierung und Finanzplanung: Nutzung von KI-gestützten Apps zur Verwaltung von Einnahmen und Ausgaben

Die Verwaltung von persönlichen Finanzen kann für viele Menschen eine Herausforderung darstellen. Unübersichtliche Einnahmen und Ausgaben, unerwartete Kosten und mangelnde Transparenz können zu finanziellen Schwierigkeiten führen. Glücklicherweise haben technologische Fortschritte, insbesondere im Bereich der Künstlichen Intelligenz (KI), neue Lösungen hervorgebracht, die das Finanzmanagement erheblich erleichtern. KI-gestützte Apps wie Mint und You Need A Budget (YNAB) bieten innovative Ansätze zur Budgetierung und Finanzplanung, die Nutzern helfen, ihre Finanzen besser zu kontrollieren und ihre finanziellen Ziele zu erreichen.

Überblick über KI-gestützte Budgetierungs-Apps

KI-gestützte Budgetierungs-Apps nutzen Algorithmen des maschinellen Lernens, um Finanzdaten zu analysieren und personalisierte Empfehlungen zu geben. Diese Apps können automatisch Transaktionen kategorisieren, Ausgabenmuster erkennen und Benutzer benachrichtigen, wenn sie ihr Budget überschreiten oder Sparmöglichkeiten identifizieren. Die fortschrittlichen Analysen und Prognosen, die diese Apps bieten, ermöglichen es den Nutzern, fundierte finanzielle Entscheidungen zu treffen und langfristige Pläne zu erstellen.

Mint ist eine der bekanntesten Budgetierungs-Apps und bietet eine umfassende Plattform zur Verwaltung persönlicher Finanzen. Die App verbindet sich sicher mit den Bankkonten, Kreditkarten und anderen Finanzkonten der Nutzer, um Transaktionen automatisch zu importieren und zu kategorisieren. Mint verwendet KI, um die Ausgabenmuster zu analysieren und personalisierte Budgetierungstipps zu geben. Ein bemerkenswerter Vorteil von Mint ist die Benutzerfreundlichkeit. Die App bietet eine übersichtliche Darstellung der Finanzen, einschließlich Diagrammen und Grafiken, die den Benutzern helfen, ihre finanzielle Situation auf einen Blick zu verstehen. Darüber hinaus bietet Mint Tools zur Überwachung der Kreditwürdigkeit, zur Verfolgung von Rechnungen und zur Planung langfristiger finanzieller Ziele.

You Need A Budget (YNAB) verfolgt einen anderen Ansatz zur Budgetierung. Die App basiert auf einem bewährten System von vier Regeln, die den Nutzern helfen sollen, jede Ausgabe bewusst zu planen und jeden Dollar einer spezifischen Aufgabe zuzuweisen. YNAB nutzt ebenfalls KI, um den Nutzern zu helfen, ihre Ausgaben zu analysieren und bessere Budgetierungsentscheidungen zu treffen. YNABs Fokus auf proaktives Budgetieren und Schuldenabbau hat es zu einer beliebten Wahl für diejenigen gemacht, die eine strenge Kontrolle über ihre Finanzen wünschen. Die App bietet umfassende Tutorials und Ressourcen, die den Nutzern helfen, das Beste aus dem System herauszuholen. YNAB synchronisiert sich auch mit den Bankkonten der Nutzer, um Transaktionen automatisch zu importieren und zu kategorisieren, und bietet eine detaillierte Berichterstattung über finanzielle Fortschritte.

Vorteile von KI-gestützten Budgetierungs-Apps

Automatisierung und Zeiteinsparung

Einer der größten Vorteile von KI-gestützten Budgetierungs-Apps ist die Automatisierung. Diese Apps übernehmen viele der zeitaufwändigen Aufgaben, die mit der Finanzverwaltung verbunden sind, wie das Nachverfolgen von Ausgaben und das Kategorisieren von Transaktionen. Benutzer müssen nicht mehr manuell ihre Ausgaben eingeben oder ihre Konten überwachen, da die Apps diese Prozesse automatisch durchführen.

Personalisierte Empfehlungen

KI-gestützte Apps bieten personalisierte Empfehlungen, die auf den individuellen Ausgabenmustern und finanziellen Zielen der Nutzer basieren. Diese Empfehlungen können Sparmöglichkeiten identifizieren, warnen, wenn das Budget überschritten wird, und Vorschläge zur Optimierung der Ausgaben machen. Die personalisierten Einblicke helfen den Nutzern, fundierte Entscheidungen zu treffen und ihre finanzielle Gesundheit zu verbessern.

Transparenz und Übersichtlichkeit

Die meisten Budgetierungs-Apps bieten eine übersichtliche Darstellung der Finanzen, einschließlich Diagrammen und Grafiken, die den Nutzern helfen, ihre finanzielle Situation auf einen Blick zu verstehen. Diese visuelle Darstellung macht es einfacher, Ausgabenmuster zu erkennen und Bereiche zu identifizieren, in denen Einsparungen möglich sind. Mint und YNAB bieten beispielsweise Dashboards, die eine klare Übersicht über Einnahmen, Ausgaben und Budgetverteilungen bieten.

Ziele setzen und verfolgen

Ein weiterer Vorteil von Budgetierungs-Apps ist die Möglichkeit, finanzielle Ziele zu setzen und den Fortschritt zu verfolgen. Nutzer können Sparziele, Schuldenabbauziele oder andere finanzielle Ziele definieren und die Apps nutzen, um ihre Fortschritte zu überwachen. Diese Funktion hilft den Nutzern, motiviert zu bleiben und ihre finanziellen Ziele systematisch zu erreichen.

Herausforderungen und Lösungen

Datensicherheit

Da Budgetierungs-Apps Zugriff auf sensible Finanzdaten haben, ist die Datensicherheit von größter Bedeutung. Nutzer müssen darauf vertrauen können, dass ihre Daten sicher gespeichert und geschützt sind. Mint und

YNAB verwenden fortschrittliche Sicherheitsmaßnahmen wie Verschlüsselung und sichere Authentifizierungsprozesse, um die Sicherheit der Benutzerdaten zu gewährleisten.

Benutzerfreundlichkeit

Die Benutzerfreundlichkeit ist ein weiterer wichtiger Aspekt, der die Akzeptanz von Budgetierungs-Apps beeinflusst. Während einige Nutzer technisch versiert sind und komplexe Funktionen schätzen, bevorzugen andere eine einfachere und intuitivere Benutzeroberfläche. Beide Apps, Mint und YNAB, bieten benutzerfreundliche Oberflächen, die sowohl für Anfänger als auch für erfahrene Nutzer geeignet sind. Durch regelmäßige Updates und Verbesserungen stellen die Entwickler sicher, dass die Apps den Bedürfnissen der Nutzer entsprechen.

Anpassungsfähigkeit

Einige Nutzer haben spezielle Anforderungen oder bevorzugte Methoden zur Budgetierung, die möglicherweise nicht vollständig von den Apps abgedeckt werden. Um diesen Herausforderungen zu begegnen, bieten Mint und YNAB Anpassungsoptionen, mit denen Nutzer ihre Budgets und Kategorien individuell gestalten können. Darüber hinaus bieten beide Apps umfangreiche Support-Ressourcen und Community-Foren, in denen Nutzer Unterstützung und Ratschläge finden können.

Zukünftige Entwicklungen

Die Weiterentwicklung von KI-gestützten Budgetierungs-Apps wird wahrscheinlich neue Funktionen und Verbesserungen bringen, die das Finanzmanagement noch effizienter und benutzerfreundlicher machen. Zukünftige Entwicklungen könnten erweiterte Analysemöglichkeiten, verbesserte Personalisierung und Integration mit anderen Finanzdienstleistungen umfassen.

Erweiterte Analysemöglichkeiten

Zukünftige Budgetierungs-Apps könnten erweiterte Analysemöglichkeiten bieten, die den Nutzern tiefere Einblicke in ihre Finanzen geben. Dies könnte die Analyse von langfristigen Trends, die Identifizierung von Optimierungsmöglichkeiten und die Prognose zukünftiger finanzieller Entwicklungen umfassen. Durch den Einsatz fortschrittlicher Datenanalyse- und Visualisierungstechniken könnten Nutzer noch fundiertere Entscheidungen treffen.

Verbesserte Personalisierung

Die Personalisierung wird eine zentrale Rolle bei der Weiterentwicklung von Budgetierungs-Apps spielen. Zukünftige Systeme könnten in der Lage sein, noch genauer auf die individuellen Bedürfnisse und Vorlieben der Nutzer einzugehen. Dies könnte durch den Einsatz von maschinellem Lernen und künstlicher Intelligenz erreicht werden, die kontinuierlich die Ausgabenmuster und finanziellen Ziele der Nutzer analysieren und personalisierte Empfehlungen geben.

Integration mit anderen Finanzdienstleistungen

Eine weitere wichtige Entwicklung könnte die Integration von Budgetierungs-Apps mit anderen Finanzdienstleistungen sein. Dies könnte die nahtlose Integration mit Banken, Kreditkartenunternehmen und Investitionsplattformen umfassen, um eine umfassende Übersicht über die gesamte finanzielle Situation der Nutzer zu bieten. Durch die Integration von verschiedenen Finanzdiensten könnten Nutzer alle ihre finanziellen Informationen an einem Ort verwalten und optimieren.

Fazit

KI-gestützte Budgetierungs-Apps wie Mint und YNAB bieten zahlreiche Vorteile, die das Finanzmanagement erheblich erleichtern und verbessern. Durch die Automatisierung von Routineaufgaben, die Bereitstellung personalisierter Empfehlungen und die Schaffung von Transparenz und Übersichtlichkeit können diese Apps den Nutzern helfen, ihre finanziellen Ziele effizienter zu erreichen. Während Herausforderungen wie Datensicherheit und Benutzerfreundlichkeit bestehen, bieten die fortlaufenden Entwicklungen und Verbesserungen dieser Technologien vielversprechende Lösungen. Die Zukunft der KI-gestützten Finanzplanung sieht vielversprechend aus, mit potenziellen Entwicklungen, die die Personalisierung, Analyse und Integration weiter verbessern könnten. Durch den Einsatz dieser fortschrittlichen Tools können Nutzer nicht nur ihre aktuellen finanziellen Herausforderungen bewältigen, sondern auch eine solide Grundlage für zukünftige finanzielle Erfolge schaffen.

Investitionen und Sparen: KI-basierte Robo-Advisors und automatisierte Anlagestrategien

Die Welt der Investitionen und des Sparens hat sich durch den Einsatz von Künstlicher Intelligenz (KI) drastisch verändert. Traditionell erforderten Investitionen umfangreiche Kenntnisse und aktive Überwachung, oft durch Finanzberater. Mit der Einführung von KI-basierten Robo-Advisors wie Betterment und Wealthfront haben sich diese Prozesse vereinfacht und sind für eine breitere Öffentlichkeit zugänglich geworden. Diese automatisierten Plattformen bieten personalisierte Anlagestrategien, die auf den individuellen Bedürfnissen und Zielen der Nutzer basieren, und nutzen Algorithmen des maschinellen Lernens, um optimale Entscheidungen zu treffen.

Der Aufstieg der Robo-Advisors

Robo-Advisors sind digitale Plattformen, die automatisierte, algorithmusgesteuerte Finanzplanungsdienste mit wenig bis keiner menschlichen Aufsicht bieten. Ein typischer Robo-Advisor sammelt Informationen von Kunden über ihre finanzielle Situation und ihre zukünftigen Ziele durch eine Online-Umfrage und verwendet die Daten, um Anlageratschläge zu erteilen und/oder Investitionen automatisch für die Kunden zu tätigen.

Betterment und Wealthfront sind zwei der bekanntesten Robo-Advisors auf dem Markt. Beide Plattformen bieten ähnliche Dienstleistungen, aber mit unterschiedlichen Ansätzen und Funktionen. Sie nutzen fortschrittliche

Algorithmen, um Portfolios zu erstellen, die auf den Risikotoleranzen und Zielen der Nutzer basieren. Diese Plattformen überwachen und balancieren die Portfolios kontinuierlich neu, um die bestmöglichen Renditen zu erzielen.

Personalisierte Anlagestrategien

Ein zentraler Vorteil von KI-basierten Robo-Advisors ist die Fähigkeit, personalisierte Anlagestrategien zu entwickeln. Traditionelle Finanzberater können oft nur begrenzt auf individuelle Bedürfnisse eingehen, insbesondere bei einer großen Anzahl von Kunden. KI-gestützte Systeme hingegen können große Datenmengen verarbeiten und individuelle Portfolios erstellen, die perfekt auf die finanziellen Ziele und Risikobereitschaft des Einzelnen abgestimmt sind.

Robo-Advisors wie Betterment und Wealthfront nutzen detaillierte Fragebögen, um Informationen über die finanzielle Situation, die Ziele und die Risikobereitschaft der Nutzer zu sammeln. Auf dieser Basis erstellen sie maßgeschneiderte Portfolios. Diese Systeme berücksichtigen Faktoren wie Alter, Einkommen, Sparziele und Zeithorizont, um die optimalen Anlagestrategien zu entwickeln.

Automatisierte Portfolioverwaltung

Ein weiterer bedeutender Vorteil von Robo-Advisors ist die Automatisierung der Portfolioverwaltung. Traditionell mussten Anleger ihre Portfolios regelmäßig überwachen und anpassen, um sicherzustellen, dass sie ihren Zielen entsprechen. Dies kann zeitaufwändig und komplex sein, insbesondere für diejenigen ohne tiefgehende Finanzkenntnisse. Robo-Advisors automatisieren diesen Prozess vollständig. Sie überwachen kontinuierlich die Performance der Anlagen und nehmen notwendige Anpassungen vor, um das Portfolio optimal auszubalancieren. Dies beinhaltet regelmäßiges Rebalancing, um das Risiko zu kontrollieren und die Renditen zu maximieren, sowie die automatische Wiederanlage von Dividenden. Durch diese Automatisierung wird sichergestellt, dass das Portfolio stets im Einklang mit den ursprünglichen Anlagezielen bleibt.

Steueroptimierung

Ein weiterer wichtiger Aspekt der automatisierten Anlagestrategien ist die Steueroptimierung. Robo-Advisors wie Betterment und Wealthfront nutzen fortschrittliche Techniken wie das steueroptimierte Rebalancing und das Tax-Loss Harvesting, um die Steuerlast der Anleger zu minimieren. Beim Tax-Loss Harvesting verkaufen die Robo-Advisors verlustreiche Anlagen, um Gewinne auszugleichen und die Steuerverbindlichkeiten zu reduzieren. Diese Strategie ermöglicht es den Anlegern, Verluste zu nutzen, um ihre Steuerrechnung zu senken, während sie gleichzeitig ihre Anlagestrategie beibehalten.

Niedrigere Kosten und Zugänglichkeit

Traditionelle Finanzberater erheben oft hohe Gebühren für ihre Dienstleistungen, was sie für viele Kleinanleger unerschwinglich macht. Robo-Advisors bieten eine kostengünstige Alternative, da sie automatisierte Prozesse verwenden, die die Betriebskosten senken. Die Gebührenstrukturen von Betterment und Wealthfront sind in der Regel deutlich niedriger als die von traditionellen Finanzberatern, wodurch sie für eine breitere Bevölkerungsschicht zugänglich sind. Die niedrigeren Kosten bedeuten auch, dass mehr Geld in die tatsächlichen Investitionen fließen kann, was potenziell höhere Renditen für die Anleger bedeutet. Diese Zugänglichkeit hat es vielen Menschen ermöglicht, mit dem Investieren zu beginnen, die zuvor möglicherweise aufgrund hoher Gebühren oder mangelnder Kenntnisse abgeschreckt wurden.

Nutzerfreundlichkeit und Bequemlichkeit

Die Benutzerfreundlichkeit ist ein weiterer entscheidender Faktor, der zum Erfolg von Robo-Advisors beiträgt. Plattformen wie Betterment und Wealthfront sind darauf ausgelegt, einfach zu bedienen zu sein, selbst für diejenigen ohne umfangreiche Finanzkenntnisse. Die Benutzeroberflächen sind intuitiv gestaltet und bieten klare Anleitungen, wie man ein Konto einrichtet, Ziele festlegt und Investitionen überwacht. Die Möglichkeit, alles online zu erledigen, bietet zudem ein hohes Maß an Bequemlichkeit. Nutzer können ihre Finanzportfolios jederzeit und von überall aus verwalten, was den Zugang und die Kontrolle über ihre Investitionen erheblich erleichtert. Diese Flexibilität ist besonders wertvoll in der heutigen schnelllebigen Welt, in der viele Menschen wenig Zeit haben, sich intensiv mit ihren Finanzen zu beschäftigen.

Herausforderung und Kritik

Trotz ihrer vielen Vorteile stehen Robo-Advisors auch vor Herausforderungen und Kritik. Eine der Hauptkritiken ist, dass sie möglicherweise nicht die gleiche Tiefe und Qualität der persönlichen Beratung bieten können wie menschliche Finanzberater. Obwohl die Algorithmen sehr fortschrittlich sind, können sie die menschliche Intuition und das persönliche Verständnis komplexer finanzieller Situationen nicht vollständig ersetzen. Ein weiterer Kritikpunkt betrifft die Abhängigkeit von Technologie. Robo-Advisors sind auf komplexe Algorithmen und Datenanalyse angewiesen, was bedeutet, dass technische Probleme oder Datenfehler potenziell negative Auswirkungen auf die Anlagestrategien haben könnten. Es ist daher wichtig, dass Nutzer sich der Risiken bewusst sind und regelmäßig ihre Portfolios überprüfen, um sicherzustellen, dass sie im Einklang mit ihren Zielen bleiben.

Die Zukunft der Robo-Advisors

Die Zukunft der Robo-Advisors sieht vielversprechend aus, da immer mehr Menschen die Vorteile dieser Technologie erkennen und nutzen. Die kontinuierliche Weiterentwicklung der KI und der Algorithmen wird voraussichtlich zu noch präziseren und personalisierteren Anlagestrategien führen. Darüber hinaus könnten zukünftige Robo-Advisors erweiterte Funktionen bieten, wie etwa die Integration von ESG-Kriterien (Umwelt, Soziales und Governance) in die Anlagestrategien oder die Nutzung von Blockchain-Technologie zur Verbesserung der Transparenz und Sicherheit. Auch die Integration von Hybridmodellen, die sowohl automatisierte als auch menschliche Beratung kombinieren, könnte ein zukünftiger Trend sein. Diese Modelle bieten das Beste aus beiden Welten: die Effizienz und Kosteneffektivität von KI-gestützten Systemen und die persönliche Note und Expertise menschlicher Berater.

Fazit

KI-basierte Robo-Advisors wie Betterment und Wealthfront revolutionieren die Art und Weise, wie Menschen investieren und sparen. Durch die Bereitstellung personalisierter Anlagestrategien, die Automatisierung der Portfolioverwaltung, Steueroptimierung und niedrigere Kosten machen sie das Investieren zugänglicher und effizienter. Trotz einiger Herausforderungen und Kritikpunkte bieten diese Plattformen erhebliche Vorteile, die sie zu einer attraktiven Option für viele Anleger machen. Die kontinuierliche Weiterentwicklung und Innovation in diesem Bereich verspricht, die Zukunft des Investierens weiter zu verändern und immer mehr Menschen die Möglichkeit zu geben, ihre finanziellen Ziele zu erreichen. Indem sie fortschrittliche Technologie mit benutzerfreundlichem Design kombinieren, ermöglichen Robo-Advisors eine neue Ära des Investierens, die effizienter, kostengünstiger und zugänglicher ist als je zuvor.

Kreditmanagement: Automatisierte Überwachung von Kreditwürdigkeit und Schuldentilgung

In der modernen Finanzwelt ist das Kreditmanagement eine wesentliche Komponente für die finanzielle Gesundheit und Stabilität. Durch die

Automatisierung dieser Prozesse, insbesondere durch den Einsatz von KI-gestützten Plattformen wie Credit Karma, wird es einfacher und effizienter, die Kreditwürdigkeit zu überwachen, Schulden zu verwalten und fundierte finanzielle Entscheidungen zu treffen. Diese Technologien bieten eine Vielzahl von Funktionen, die den Benutzern helfen, ihre Kreditwürdigkeit zu verbessern, ihre Schulden zu reduzieren und ihre finanziellen Ziele zu erreichen.

Bedeutung der Kreditwürdigkeit

Die Kreditwürdigkeit einer Person ist ein entscheidender Faktor, der ihre Fähigkeit beeinflusst, Kredite zu erhalten, Kreditkarten zu nutzen und günstige Zinssätze zu sichern. Eine gute Kreditwürdigkeit kann den Zugang zu Finanzmitteln erleichtern und die Kosten für Kredite und Versicherungen senken. Umgekehrt kann eine schlechte Kreditwürdigkeit zu höheren Zinsen und Schwierigkeiten bei der Kreditaufnahme führen. Daher ist es wichtig, die Kreditwürdigkeit regelmäßig zu überwachen und zu verbessern.

Funktionen von KI-gestützten Kreditmanagement-Plattformen

KI-gestützte Kreditmanagement-Plattformen wie Credit Karma bieten eine Reihe von Funktionen, die den Nutzern helfen, ihre Kreditwürdigkeit effektiv zu überwachen und zu verwalten. Diese Plattformen nutzen fortschrittliche Algorithmen, um Kreditberichte zu analysieren, personalisierte Empfehlungen zu geben und Benachrichtigungen über Änderungen in der Kreditwürdigkeit zu senden.

1. Automatisierte Überwachung der Kreditwürdigkeit

Eine der Hauptfunktionen dieser Plattformen ist die kontinuierliche Überwachung der Kreditwürdigkeit. Credit Karma und ähnliche Dienste bieten den Nutzern kostenlosen Zugang zu ihren Kreditberichten und Kredit-Scores. Diese Informationen werden regelmäßig aktualisiert, sodass die Nutzer stets über ihren aktuellen finanziellen Status informiert sind. Die Plattformen analysieren die Kreditberichte und identifizieren potenzielle Probleme, wie beispielsweise Zahlungsverzüge oder hohe Kreditnutzungsraten, die die Kreditwürdigkeit beeinträchtigen könnten.

2. Personalisierte Empfehlungen

Basierend auf der Analyse der Kreditberichte bieten diese Plattformen personalisierte Empfehlungen zur Verbesserung der Kreditwürdigkeit. Diese Empfehlungen können spezifische Maßnahmen umfassen, wie z.B. die Rückzahlung von Schulden, die Reduzierung der Kreditkartennutzung oder die Anfechtung von Fehlern in den Kreditberichten. Durch die Bereitstellung klarer und umsetzbarer Ratschläge helfen diese Plattformen den Nutzern, ihre Kreditwürdigkeit zu verbessern und finanzielle Ziele zu erreichen.

3. Schuldenmanagement

Ein weiterer wichtiger Aspekt des Kreditmanagements ist die Verwaltung und Tilgung von Schulden. KI-gestützte Plattformen bieten Tools und Strategien zur effektiven Schuldenreduzierung. Dies kann die Erstellung eines personalisierten Tilgungsplans, die Konsolidierung von Schulden oder die

Verhandlung von günstigeren Rückzahlungsbedingungen umfassen. Credit Karma bietet beispielsweise einen Schuldenrechner und andere Ressourcen, die den Nutzern helfen, einen Überblick über ihre Schulden zu behalten und einen Plan zur Tilgung zu entwickeln.

4. Benachrichtigungen und Warnungen
Um sicherzustellen, dass die Nutzer keine wichtigen Änderungen in ihrer Kreditwürdigkeit verpassen, bieten diese Plattformen Benachrichtigungen und Warnungen. Wenn sich der Kredit-Score ändert oder neue Informationen in den Kreditbericht aufgenommen werden, werden die Nutzer sofort benachrichtigt. Diese Echtzeit-Warnungen helfen den Nutzern, schnell auf Probleme zu reagieren und geeignete Maßnahmen zu ergreifen, um ihre Kreditwürdigkeit zu schützen.

5. Identitätsschutz und Betrugsprävention
Da Kreditbetrug und Identitätsdiebstahl immer häufiger werden, bieten viele KI-gestützte Kreditmanagement-Plattformen auch Dienstleistungen zum Identitätsschutz und zur Betrugsprävention. Diese Dienste überwachen kontinuierlich die Kreditberichte auf verdächtige Aktivitäten und benachrichtigen die Nutzer bei Anzeichen von Betrug. Einige Plattformen bieten sogar Versicherungen gegen Identitätsdiebstahl und Unterstützung bei der Wiederherstellung der Identität im Falle eines Betrugs.

Vorteile der automatisierten Kreditüberwachung

Zeitersparnis und Bequemlichkeit

Die Automatisierung des Kreditmanagements spart den Nutzern erheblich Zeit und Mühe. Anstatt manuell Kreditberichte zu überwachen und ihre Kreditwürdigkeit zu analysieren, können die Nutzer diese Aufgaben an KI-gestützte Plattformen delegieren. Diese Plattformen übernehmen die Arbeit, indem sie kontinuierlich Daten analysieren, Probleme identifizieren und Empfehlungen geben. Dies macht das Kreditmanagement einfacher und bequemer.

Genauigkeit und Zuverlässigkeit

KI-gestützte Systeme bieten eine hohe Genauigkeit und Zuverlässigkeit bei der Überwachung und Analyse von Kreditberichten. Die Algorithmen können große Datenmengen schnell und präzise verarbeiten, wodurch die Wahrscheinlichkeit von Fehlern und Versäumnissen verringert wird. Diese Genauigkeit stellt sicher, dass die Nutzer stets über ihren aktuellen finanziellen Status informiert sind und fundierte Entscheidungen treffen können.

Proaktive Maßnahmen

Durch die Bereitstellung von Echtzeit-Warnungen und personalisierten Empfehlungen ermöglichen diese Plattformen den Nutzern, proaktiv Maßnahmen zur Verbesserung ihrer Kreditwürdigkeit zu ergreifen. Anstatt auf Probleme zu reagieren, nachdem sie aufgetreten sind, können die Nutzer potenzielle Probleme frühzeitig erkennen und entsprechend handeln.

Diese proaktive Herangehensweise hilft den Nutzern, ihre Kreditwürdigkeit langfristig zu schützen und zu verbessern.

Herausforderungen und Überlegungen
Datenschutz und Sicherheit
Da diese Plattformen Zugang zu sensiblen Finanzdaten haben, ist der Datenschutz von größter Bedeutung. Nutzer müssen sicherstellen, dass die Plattformen, die sie verwenden, starke Sicherheitsmaßnahmen implementieren, um ihre Daten zu schützen. Dies umfasst die Verwendung von Verschlüsselung, sichere Authentifizierungsverfahren und regelmäßige Sicherheitsüberprüfungen.

Abhängigkeit von Technologie
Die Abhängigkeit von KI-gestützten Plattformen bringt auch Herausforderungen mit sich. Technische Probleme oder Fehler in den Algorithmen könnten potenziell negative Auswirkungen auf die Kreditwürdigkeit der Nutzer haben. Es ist daher wichtig, dass Nutzer regelmäßig ihre Kreditberichte überprüfen und die Empfehlungen der Plattformen kritisch hinterfragen.

Bildung und Aufklärung
Obwohl diese Plattformen viele Aufgaben automatisieren, bleibt die finanzielle Bildung ein wichtiger Aspekt des Kreditmanagements. Nutzer sollten die Grundlagen der Kreditwürdigkeit und des Schuldenmanagements verstehen, um fundierte Entscheidungen treffen zu können. Plattformen wie

Credit Karma bieten Bildungsressourcen und Tools, die den Nutzern helfen, ihr Wissen zu erweitern und ihre finanzielle Kompetenz zu stärken.

Zukunftsperspektiven

Die Zukunft der automatisierten Kreditüberwachung sieht vielversprechend aus. Mit den fortschreitenden Entwicklungen in der KI und der Datenanalyse werden diese Plattformen immer genauer und personalisierter. Zukünftige Systeme könnten erweiterte Funktionen bieten, wie z.B. die Integration von zusätzlichen Finanzdatenquellen, um ein umfassenderes Bild der finanziellen Gesundheit der Nutzer zu erstellen. Darüber hinaus könnten zukünftige Entwicklungen auch die Integration von Blockchain-Technologie umfassen, um die Transparenz und Sicherheit der Daten weiter zu verbessern. Die kontinuierliche Innovation in diesem Bereich wird voraussichtlich dazu beitragen, dass das Kreditmanagement noch effizienter, sicherer und benutzerfreundlicher wird.

Fazit

Die Automatisierung des Kreditmanagements durch KI-gestützte Plattformen wie Credit Karma bietet zahlreiche Vorteile, die den Nutzern helfen, ihre Kreditwürdigkeit zu überwachen und zu verbessern, Schulden zu managen und ihre finanziellen Ziele zu erreichen. Durch die Bereitstellung von Echtzeit-Warnungen, personalisierten Empfehlungen und fortschrittlichen Sicherheitsmaßnahmen machen diese Plattformen das Kreditmanagement einfacher und effizienter. Trotz einiger Herausforderungen und Überlegungen bietet die kontinuierliche Weiterentwicklung dieser Technologien vielversprechende Perspektiven für die Zukunft. Indem sie fortschrittliche KI und Datenanalyse nutzen, ermöglichen diese Plattformen den Nutzern, ihre finanzielle Gesundheit zu schützen und zu verbessern, was letztlich zu einer stärkeren und stabileren finanziellen Grundlage führt.

Kapitel 8: KI in der Reiseplanung

Reisen ist für viele Menschen eine der größten Freuden des Lebens, aber die Planung kann oft zeitaufwendig und stressig sein. Die Integration von Künstlicher Intelligenz (KI) in die Reiseplanung hat diesen Prozess revolutioniert, indem sie ihn einfacher, effizienter und personalisierter gestaltet. Von der Auswahl des Reiseziels bis zur Buchung von Flügen und Hotels sowie der Planung von Aktivitäten vor Ort – KI-basierte Tools und Anwendungen bieten maßgeschneiderte Lösungen, die auf den individuellen Vorlieben und Bedürfnissen der Reisenden basieren.

Personalisierte Reiseempfehlungen

Einer der größten Vorteile von KI in der Reiseplanung ist die Möglichkeit, personalisierte Empfehlungen zu geben. KI-gestützte Plattformen nutzen Datenanalyse und maschinelles Lernen, um die Präferenzen und Verhaltensmuster der Nutzer zu verstehen. Auf Basis dieser Daten können sie personalisierte Reisevorschläge machen, die genau auf die individuellen Wünsche der Reisenden abgestimmt sind. Plattformen wie Google Travel und Tripadvisor nutzen komplexe Algorithmen, um Reisevorschläge zu erstellen. Sie analysieren frühere Reiseziele, bevorzugte Aktivitäten und Bewertungen anderer Nutzer, um maßgeschneiderte Empfehlungen zu bieten. Diese personalisierten Vorschläge helfen Reisenden, neue und spannende Reiseziele zu entdecken, die ihren Interessen entsprechen.

Optimierung von Flug- und Hotelbuchungen

Die Buchung von Flügen und Hotels kann oft kompliziert und zeitraubend sein. KI-basierte Systeme vereinfachen diesen Prozess erheblich, indem sie die besten Angebote finden und vergleichen. Websites wie Kayak und Skyscanner verwenden KI, um Millionen von Flügen und Hotels in Echtzeit zu durchsuchen und die besten Preise und Optionen für die Nutzer zu finden. Diese Plattformen bieten nicht nur Preisvergleiche, sondern auch Preisprognosen, die auf historischen Daten und aktuellen Trends basieren. Reisende können sehen, ob die Preise wahrscheinlich steigen oder fallen werden, und dementsprechend buchen, um Geld zu sparen. Darüber hinaus bieten viele dieser Plattformen die Möglichkeit, Preisalarme zu setzen, sodass Nutzer benachrichtigt werden, wenn die Preise für ihre gewünschten Flüge oder Hotels sinken.

Sprach- und Übersetzungsdienste

Eine der Herausforderungen beim Reisen in fremde Länder ist die Sprachbarriere. KI-basierte Sprach- und Übersetzungsdienste haben dieses Problem weitgehend gelöst. Anwendungen wie Google Translate und Microsoft Translator nutzen fortschrittliche neuronale Netzwerke, um präzise Übersetzungen in Echtzeit zu liefern. Diese Tools sind besonders nützlich, wenn es darum geht, sich in einem fremden Land zu verständigen, sei es beim Einkaufen, in Restaurants oder bei der Nutzung öffentlicher Verkehrsmittel. Sie können nicht nur Texte, sondern auch gesprochene Sprache und sogar Bilder übersetzen, was die Kommunikation erheblich erleichtert und das Reiseerlebnis angenehmer macht.

Routenplanung und Navigation

KI spielt auch eine entscheidende Rolle bei der Routenplanung und Navigation. Navigationstools wie Google Maps und Waze nutzen KI, um den schnellsten und effizientesten Weg zu berechnen. Diese Anwendungen analysieren Verkehrsdaten in Echtzeit und passen die Routen dynamisch an, um Staus zu vermeiden und die Reisezeit zu minimieren. Darüber hinaus bieten diese Tools detaillierte Informationen über Sehenswürdigkeiten, Restaurants und andere interessante Orte entlang der Route. Sie können personalisierte Empfehlungen basierend auf den Vorlieben der Nutzer geben und so das Reiseerlebnis bereichern.

Virtuelle Assistenten und Chatbots

Virtuelle Assistenten und Chatbots haben die Art und Weise, wie Reisende Informationen suchen und Buchungen vornehmen, verändert. Diese KI-gestützten Tools sind rund um die Uhr verfügbar und bieten sofortige Unterstützung bei der Reiseplanung. Chatbots wie der von Expedia können Fragen beantworten, Buchungen vornehmen und Änderungen vornehmen, ohne dass menschliches Eingreifen erforderlich ist. Virtuelle Assistenten wie Siri, Google Assistant und Amazon Alexa können auch bei der Reiseplanung helfen, indem sie Flüge und Hotels suchen, Reisepläne organisieren und Erinnerungen an bevorstehende Reisen senden. Diese Assistenten nutzen natürliche Sprachverarbeitung (NLP), um die Anfragen der Nutzer zu verstehen und relevante Informationen bereitzustellen.

Echtzeit-Informationen und Updates

Eine weitere bedeutende Anwendung von KI in der Reiseplanung ist die Bereitstellung von Echtzeit-Informationen und Updates. Fluggesellschaften und Reiseanbieter nutzen KI, um Reisende über Flugverspätungen, Gate-Änderungen und andere wichtige Informationen zu informieren. Diese Echtzeit-Updates helfen Reisenden, besser auf Unvorhergesehenes vorbereitet zu sein und ihre Pläne entsprechend anzupassen. Plattformen wie FlightAware und TripIt bieten detaillierte Informationen über Flugstatus, Wetterbedingungen und andere Faktoren, die die Reise beeinflussen könnten. Diese Dienste nutzen KI, um Daten aus verschiedenen Quellen zu aggregieren und den Nutzern eine umfassende und aktuelle Übersicht zu bieten.

Nachhaltigkeit und umweltfreundliches Reisen

Ein weiterer Bereich, in dem KI eine wichtige Rolle spielt, ist die Förderung von nachhaltigem und umweltfreundlichem Reisen. Plattformen wie Google Travel bieten Funktionen, die den ökologischen Fußabdruck von Flügen und Unterkünften anzeigen. Nutzer können diese Informationen nutzen, um umweltfreundlichere Reiseoptionen zu wählen und so ihren Beitrag zum Umweltschutz zu leisten. KI-gestützte Tools helfen auch bei der Planung von Reisen mit öffentlichen Verkehrsmitteln oder der Auswahl von umweltfreundlichen Hotels. Diese Funktionen unterstützen Reisende dabei, bewusste Entscheidungen zu treffen und nachhaltiger zu reisen.

Reisebuchung: Automatisierte Preisvergleiche und Buchungsempfehlungen durch KI

Die Planung und Buchung von Reisen kann eine komplexe und zeitraubende Aufgabe sein. Viele Reisende verbringen Stunden damit, die besten Angebote für Flüge, Hotels und Mietwagen zu suchen, um das beste Preis-Leistungs-Verhältnis zu finden. Glücklicherweise hat die Künstliche Intelligenz (KI) den Reisebuchungsprozess revolutioniert, indem sie automatisierte Preisvergleiche und Buchungsempfehlungen bietet. Plattformen wie Hopper und Skyscanner nutzen fortschrittliche Algorithmen und maschinelles Lernen, um Reisenden dabei zu helfen, die besten Angebote zu finden und fundierte Entscheidungen zu treffen.

Der Einsatz von KI in der Reisebuchung

KI-gestützte Reisebuchungsplattformen nutzen große Mengen an Daten, um den Nutzern personalisierte Empfehlungen und Echtzeit-Preisvergleiche zu bieten. Diese Plattformen analysieren historische Daten, aktuelle Markttrends und Benutzerverhalten, um die besten Buchungszeitpunkte und -optionen zu ermitteln. Dies ermöglicht es den Nutzern, nicht nur Geld zu sparen, sondern auch die Buchungserfahrung zu optimieren. Hopper und Skyscanner sind zwei der führenden Plattformen, die KI nutzen, um den Buchungsprozess zu erleichtern. Beide Plattformen bieten einzigartige Funktionen, die den Nutzern helfen, die besten Angebote zu finden und ihre Reisen effizient zu planen.

Hopper: Preisprognosen und Buchungsempfehlungen

Hopper ist bekannt für seine fortschrittlichen Preisprognosen. Die Plattform analysiert Milliarden von Flugdatenpunkten und verwendet maschinelles Lernen, um zukünftige Preisänderungen vorherzusagen. Nutzer können ihre Reisedaten eingeben, und Hopper zeigt ihnen an, ob die Preise wahrscheinlich steigen oder fallen werden. Dies ermöglicht es den Nutzern, den optimalen Buchungszeitpunkt zu wählen und erhebliche Einsparungen zu erzielen. Hopper bietet auch die Möglichkeit, Preisalarme zu setzen. Wenn der Preis für einen bestimmten Flug sinkt, werden die Nutzer sofort benachrichtigt. Diese Funktion stellt sicher, dass die Nutzer keine guten Angebote verpassen und ihre Reisen zum bestmöglichen Preis buchen können. Ein weiteres bemerkenswertes Merkmal von Hopper ist die Flexibilität bei der Buchung. Die Plattform bietet "flexible Daten"-Optionen, bei denen Nutzer mehrere Reisedaten eingeben können, um die besten Preise innerhalb eines bestimmten Zeitraums zu finden. Dies ist besonders nützlich für Reisende, die bei ihren Reisedaten flexibel sind und die besten Angebote suchen.

Skyscanner: Umfassende Preisvergleiche und Vielseitigkeit

Skyscanner ist eine der bekanntesten Reisebuchungsplattformen weltweit. Die Plattform bietet umfassende Preisvergleiche für Flüge, Hotels und Mietwagen. Skyscanner durchsucht Millionen von Angeboten in Echtzeit und liefert den Nutzern die besten verfügbaren Optionen. Die benutzerfreundliche Oberfläche ermöglicht es den Nutzern, schnell und einfach die besten Angebote zu finden und zu buchen. Ein wesentlicher Vorteil von Skyscanner ist seine Vielseitigkeit. Die Plattform bietet nicht nur Flugsuchen, sondern auch Hotel- und Mietwagensuchen. Nutzer können ihre gesamte Reise an einem Ort planen und buchen, was den Prozess erheblich vereinfacht. Skyscanner bietet auch "Preisalarme", die Nutzer über Preisänderungen für bestimmte Flüge informieren. Skyscanner nutzt ebenfalls KI, um personalisierte Empfehlungen zu geben. Die Plattform analysiert das Suchverhalten und die Präferenzen der Nutzer, um maßgeschneiderte Vorschläge zu machen. Dies hilft den Nutzern, relevante und interessante Reiseoptionen zu entdecken, die sie möglicherweise nicht in Betracht gezogen hätten.

Vorteile der KI-gestützten Reisebuchung
Kostenersparnis
Einer der größten Vorteile der KI-gestützten Reisebuchung ist die Kostenersparnis. Durch die Analyse von Preisänderungen und Markttrends können Plattformen wie Hopper und Skyscanner den Nutzern helfen, die besten Angebote zu finden und zu buchen. Die Möglichkeit, Preisalarme zu setzen und Preisprognosen zu erhalten, stellt sicher, dass die Nutzer zum optimalen Zeitpunkt buchen und somit Geld sparen.

Zeitersparnis
Die Automatisierung des Preisvergleichs und der Buchungsempfehlungen spart den Nutzern erhebliche Zeit. Anstatt stundenlang verschiedene Websites zu durchsuchen, können die Nutzer auf einer einzigen Plattform die besten

Angebote finden. Die benutzerfreundlichen Oberflächen und die effizienten Suchalgorithmen machen den Buchungsprozess schnell und unkompliziert.

Personalisierte Empfehlungen

KI-gestützte Plattformen bieten personalisierte Empfehlungen, die auf den individuellen Präferenzen und dem Suchverhalten der Nutzer basieren. Diese Empfehlungen helfen den Nutzern, relevante und interessante Reiseoptionen zu entdecken, die ihren Bedürfnissen und Wünschen entsprechen. Dies macht die Reiseplanung nicht nur effizienter, sondern auch angenehmer.

Flexibilität

Die Flexibilität, die durch KI-gestützte Reisebuchungsplattformen geboten wird, ist ein weiterer wichtiger Vorteil. Nutzer können flexible Reisedaten eingeben, um die besten Preise innerhalb eines bestimmten Zeitraums zu finden. Diese Flexibilität ermöglicht es den Nutzern, ihre Reisen optimal zu planen und die besten Angebote zu nutzen.

Echtzeit-Updates

Die Bereitstellung von Echtzeit-Updates über Preisänderungen und Verfügbarkeiten ist ein weiterer wesentlicher Vorteil. Nutzer werden sofort benachrichtigt, wenn sich die Preise für ihre bevorzugten Flüge oder Hotels ändern, was ihnen ermöglicht, schnell zu handeln und die besten Angebote zu sichern.

Herausforderungen und Überlegungen

Datenschutz und Sicherheit

Da KI-gestützte Plattformen große Mengen an Daten analysieren, ist der Datenschutz eine wichtige Überlegung. Nutzer müssen sicherstellen, dass die Plattformen, die sie verwenden, strenge Sicherheitsmaßnahmen implementieren, um ihre Daten zu schützen. Plattformen wie Hopper und Skyscanner verwenden fortschrittliche Verschlüsselungstechnologien und sichere Authentifizierungsverfahren, um die Sicherheit der Nutzerdaten zu gewährleisten.

Technische Abhängigkeit

Die Abhängigkeit von Technologie kann auch Herausforderungen mit sich bringen. Technische Probleme oder Fehler in den Algorithmen könnten potenziell negative Auswirkungen auf die Buchungserfahrungen der Nutzer haben. Es ist daher wichtig, dass Nutzer regelmäßig ihre Buchungen überprüfen und sicherstellen, dass alles korrekt ist.

Verfügbarkeit und Genauigkeit der Daten

Die Verfügbarkeit und Genauigkeit der Daten ist ein weiterer wichtiger Faktor. Die Preisprognosen und Empfehlungen basieren auf historischen Daten und aktuellen Trends, die sich jedoch schnell ändern können. Nutzer sollten sich bewusst sein, dass die Prognosen nicht immer zu 100% genau sein können und dass es immer eine gewisse Unsicherheit gibt.

Zukünftige Entwicklungen

Die Zukunft der KI-gestützten Reisebuchung verspricht weitere Verbesserungen und Innovationen. Mit den Fortschritten in der KI und der Datenanalyse werden die Preisprognosen und Empfehlungen noch präziser und personalisierter. Zukünftige Plattformen könnten erweiterte Funktionen bieten, wie z.B. die Integration von zusätzlichen Datenquellen und die Nutzung von Blockchain-Technologie zur Verbesserung der Transparenz und Sicherheit. Darüber hinaus könnten zukünftige Entwicklungen auch die Integration von Sprach- und Übersetzungsdiensten umfassen, um die Buchungserfahrung weiter zu verbessern. Die kontinuierliche Innovation in diesem Bereich wird dazu beitragen, dass die Reisebuchung noch effizienter, sicherer und benutzerfreundlicher wird.

Routenplanung: Intelligente Navigation und Verkehrsvorhersagen

Die moderne Technologie hat die Art und Weise, wie wir uns fortbewegen, grundlegend verändert. Intelligente Navigationssysteme und Verkehrsvorhersagen, angetrieben durch Künstliche Intelligenz (KI), haben das Fahren und die Routenplanung wesentlich effizienter und stressfreier gemacht. Plattformen wie Google Maps und Waze nutzen fortschrittliche Algorithmen und Echtzeitdaten, um den besten Weg zum Ziel zu finden, Verkehrsstaus zu vermeiden und die Reisezeit zu minimieren. Diese Technologien haben das Potenzial, die Mobilität in städtischen und ländlichen

Gebieten zu revolutionieren, indem sie Verkehrsflüsse optimieren und die Nutzung von Verkehrsinfrastrukturen verbessern.

Die Rolle der Künstlichen Intelligenz in der Routenplanung

KI spielt eine zentrale Rolle bei der Analyse von Verkehrsdaten und der Bereitstellung von Echtzeitinformationen, die für die Navigation unerlässlich sind. Durch den Einsatz von Algorithmen des maschinellen Lernens und Daten aus verschiedenen Quellen wie GPS-Signalen, Verkehrsüberwachungskameras und Nutzerberichten können diese Systeme genaue und aktuelle Informationen über Verkehrslage, Straßenbedingungen und potenzielle Verzögerungen liefern. Google Maps ist eine der am weitesten verbreiteten Navigationsanwendungen, die auf KI basiert. Es nutzt eine Kombination aus historischer Verkehrsdaten, Echtzeitdaten und maschinellem Lernen, um die besten Routen zu berechnen. Google Maps kann Verkehrsunfälle, Baustellen und andere Störungen erkennen und alternative Routen vorschlagen, um Verzögerungen zu vermeiden. Die Anwendung lernt auch aus den Fahrgewohnheiten der Nutzer und bietet personalisierte Routenempfehlungen, die auf individuellen Präferenzen basieren. Waze, eine weitere beliebte Navigations-App, verwendet eine ähnliche Technologie, kombiniert jedoch diese Daten mit Informationen, die von den Nutzern selbst stammen. Waze ermöglicht es den Fahrern, Echtzeitberichte über Verkehrsbedingungen, Unfälle, Baustellen und andere Hindernisse zu teilen. Diese nutzergenerierten Daten werden in Echtzeit analysiert, um die Routenempfehlungen ständig zu aktualisieren und zu optimieren.

Echtzeit-Verkehrsinformationen und Vorhersagen

Ein wesentlicher Bestandteil der intelligenten Navigation ist die Fähigkeit, Echtzeit-Verkehrsinformationen zu nutzen und Verkehrsvorhersagen zu machen. Diese Systeme überwachen kontinuierlich die Verkehrssituation und passen die Routenempfehlungen entsprechend an. Dies hilft den Fahrern, die schnellsten und effizientesten Wege zu finden und ihre Reisezeiten zu minimieren. Google Maps und Waze verwenden verschiedene Datenquellen, um Echtzeitinformationen bereitzustellen. Dazu gehören GPS-Daten von Smartphones, Verkehrsüberwachungskameras und Berichte von Nutzern. Diese Daten werden von KI-Algorithmen analysiert, die Verkehrsströme und Muster erkennen und Vorhersagen über zukünftige Verkehrsentwicklungen treffen können. Zum Beispiel kann das System erkennen, wenn sich ein Stau bildet, und alternative Routen vorschlagen, um den Stau zu umgehen. Ein weiterer wichtiger Aspekt ist die Vorhersage von Verkehrsbedingungen. Durch die Analyse historischer Verkehrsdaten und die Berücksichtigung von Faktoren wie Tageszeit, Wochentag und besonderen Ereignissen können diese Systeme Vorhersagen darüber treffen, wann und wo sich der Verkehr voraussichtlich verschlechtern wird. Diese Vorhersagen ermöglichen es den Fahrern, ihre Reisen besser zu planen und Staus zu vermeiden.

Intelligente Navigation und Personalisierung

Die Personalisierung ist ein weiterer Vorteil der KI-gestützten Navigationssysteme. Google Maps und Waze bieten personalisierte Routenempfehlungen basierend auf den individuellen Vorlieben und Fahrgewohnheiten der Nutzer. Diese Systeme lernen aus den Routinen und

Präferenzen der Nutzer und bieten maßgeschneiderte Empfehlungen, die den spezifischen Bedürfnissen jedes Fahrers entsprechen. Google Maps verwendet zum Beispiel maschinelles Lernen, um die häufig gefahrenen Strecken eines Nutzers zu erkennen und alternative Routen vorzuschlagen, die diese bevorzugen könnten. Es kann auch Verkehrsbedingungen in Echtzeit berücksichtigen und personalisierte Empfehlungen basierend auf den aktuellen Verkehrslagen geben. Diese Funktionalität hilft den Nutzern, Zeit zu sparen und stressfreier zu fahren. Waze geht noch einen Schritt weiter, indem es soziale Funktionen integriert. Die Nutzer können sich miteinander verbinden und Informationen austauschen, was zu einer Community-basierten Navigation führt. Die App berücksichtigt die von den Nutzern bereitgestellten Daten und bietet personalisierte Routenempfehlungen basierend auf den aktuellen Berichten und Präferenzen der Community-Mitglieder.

Vorteile intelligenter Navigation

Zeitersparnis und Effizienz: Einer der größten Vorteile der intelligenten Navigation ist die Zeitersparnis. Durch die Bereitstellung von Echtzeit-Verkehrsinformationen und optimierten Routenempfehlungen können Fahrer Staus und Verzögerungen vermeiden. Dies führt zu kürzeren Reisezeiten und effizienteren Fahrten.

Sicherheit: Intelligente Navigationssysteme tragen auch zur Erhöhung der Sicherheit bei. Durch die Vermeidung von verkehrsreichen und gefährlichen Straßen können Unfälle reduziert werden. Außerdem informieren diese

Systeme die Fahrer über Gefahren wie Unfälle, Baustellen und Straßensperrungen, was zu einer sichereren Fahrt beiträgt.

Kosteneffizienz: Durch die Optimierung der Routen und die Vermeidung von Verkehrsstaus können Fahrer den Kraftstoffverbrauch reduzieren und die Abnutzung ihres Fahrzeugs minimieren. Dies führt zu Kosteneinsparungen bei den Fahrten.

Umweltfreundlichkeit: Effizientere Fahrten bedeuten auch weniger Emissionen. Durch die Vermeidung von Staus und die Optimierung der Fahrtrouten tragen intelligente Navigationssysteme dazu bei, den CO_2-Ausstoß zu reduzieren und die Umwelt zu schonen.

Herausforderungen und Überlegungen

Datenschutz und Sicherheit: Eine der größten Herausforderungen bei der Nutzung von KI-gestützten Navigationssystemen ist der Datenschutz. Diese Systeme sammeln und analysieren große Mengen an personenbezogenen Daten, was Bedenken hinsichtlich der Privatsphäre aufwerfen kann. Es ist wichtig, dass die Anbieter dieser Dienste strenge Datenschutzrichtlinien einhalten und sicherstellen, dass die Daten der Nutzer sicher gespeichert und geschützt werden.

Abhängigkeit von Technologie: Eine weitere Herausforderung ist die Abhängigkeit von Technologie. Technische Probleme oder Ausfälle der Systeme können die Navigation beeinträchtigen und zu Schwierigkeiten für die Fahrer führen. Es ist daher wichtig, dass die Nutzer sich auch auf traditionelle Navigationsmethoden verlassen können und nicht vollständig von den digitalen Systemen abhängig sind.

Genauigkeit der Daten: Die Genauigkeit der Verkehrsdaten ist ein weiterer kritischer Faktor. Ungenaue oder veraltete Daten können zu falschen Routenempfehlungen führen und die Effizienz der Navigation beeinträchtigen. Es ist wichtig, dass die Anbieter der Navigationssysteme kontinuierlich ihre Datenquellen überwachen und aktualisieren, um genaue und aktuelle Informationen bereitzustellen.

Akzeptanz durch die Nutzer: Die Akzeptanz durch die Nutzer ist entscheidend für den Erfolg der intelligenten Navigationssysteme. Es ist wichtig, dass diese Systeme benutzerfreundlich und leicht verständlich sind, damit die Nutzer sie effektiv nutzen können. Darüber hinaus müssen die Nutzer Vertrauen in die Genauigkeit und Zuverlässigkeit der Systeme haben, um sie regelmäßig zu verwenden.

Zukunftsaussichten

Die Zukunft der intelligenten Navigation und Verkehrsvorhersagen ist vielversprechend. Mit den fortschreitenden Entwicklungen in der KI und der Datenanalyse werden diese Systeme noch präziser und effizienter werden. Zukünftige Technologien könnten erweiterte Funktionen wie die Integration von Fahrzeug-zu-Fahrzeug-Kommunikation (V2V) und Fahrzeug-zu-Infrastruktur-Kommunikation (V2I) bieten, um noch genauere und umfassendere Verkehrsinformationen bereitzustellen. Die Integration von autonomen Fahrzeugen in das Verkehrsnetz wird ebenfalls einen bedeutenden Einfluss auf die Navigation und Verkehrsvorhersagen haben. Autonome Fahrzeuge können miteinander und mit der Verkehrsinfrastruktur kommunizieren, um den Verkehrsfluss zu optimieren und Staus zu vermeiden. Diese Entwicklungen haben das Potenzial, die Mobilität grundlegend zu verändern und zu einer sichereren, effizienteren und umweltfreundlicheren Verkehrsumgebung beizutragen. Zusammengefasst bieten intelligente Navigationssysteme und Verkehrsvorhersagen, angetrieben durch KI, erhebliche Vorteile für die Routenplanung und das Fahren. Durch die Nutzung fortschrittlicher Algorithmen und Echtzeitdaten können diese Systeme den Verkehr effizienter gestalten, Zeit und Kosten sparen und die Sicherheit auf den Straßen verbessern.

Reiseführer: Personalisierte Empfehlungen für Sehenswürdigkeiten und Aktivitäten basierend auf Nutzerpräferenzen

Die Nutzung von Künstlicher Intelligenz (KI) hat die Art und Weise, wie wir reisen und unsere Reiseziele planen, revolutioniert. Eines der bedeutendsten Anwendungsgebiete der KI in der Reisebranche ist die Bereitstellung personalisierter Empfehlungen für Sehenswürdigkeiten und Aktivitäten. Plattformen wie TripAdvisor und Google Travel nutzen fortschrittliche Algorithmen und maschinelles Lernen, um Reisenden maßgeschneiderte Vorschläge zu bieten, die auf ihren individuellen Vorlieben und Interessen basieren. Diese Technologie macht die Reiseplanung nicht nur effizienter, sondern auch wesentlich angenehmer und persönlicher.

Der Einsatz von KI für personalisierte Reiseempfehlungen
KI-basierte Systeme analysieren große Mengen an Daten, darunter frühere Reisen, Nutzerbewertungen, Suchhistorien und Vorlieben, um individuelle Profile zu erstellen. Diese Profile werden dann genutzt, um personalisierte Empfehlungen für Sehenswürdigkeiten, Restaurants, Aktivitäten und andere Reiseerlebnisse zu generieren. Durch die kontinuierliche Verbesserung und Anpassung dieser Empfehlungen bietet KI den Reisenden eine einzigartige und maßgeschneiderte Erfahrung. TripAdvisor ist eine der bekanntesten Plattformen, die KI nutzen, um personalisierte Reiseempfehlungen zu geben. Die Website und die App analysieren Millionen von Nutzerbewertungen und Fotos, um eine umfassende Datenbank mit Informationen über Sehenswürdigkeiten, Hotels, Restaurants und Aktivitäten zu erstellen. Nutzer können ihre Präferenzen eingeben, und TripAdvisor bietet maßgeschneiderte Vorschläge, die auf diesen Angaben basieren. Google Travel nutzt ebenfalls KI, um personalisierte Reisepläne zu erstellen. Die Plattform integriert Informationen aus Google Maps, Google Search und anderen Google-Diensten, um eine umfassende Übersicht über Reiseziele zu bieten. Nutzer können spezifische Interessen angeben, wie z.B. kulturelle Sehenswürdigkeiten, Outdoor-Aktivitäten oder kulinarische Erlebnisse, und Google Travel liefert entsprechende Empfehlungen.

Vorteile personalisierter Reiseführer

Effizienz und Zeitersparnis

Einer der größten Vorteile personalisierter Reiseführer ist die Zeitersparnis. Anstatt Stunden damit zu verbringen, Informationen über potenzielle Reiseziele zu durchsuchen, erhalten die Nutzer sofortige, auf ihre Interessen zugeschnittene Empfehlungen. Dies macht die Reiseplanung erheblich effizienter und weniger stressig.

Relevanz und Qualität der Empfehlungen

KI-basierte Systeme sind in der Lage, aus einer riesigen Menge an Daten relevante Informationen herauszufiltern und qualitativ hochwertige Empfehlungen zu geben. Durch die Analyse von Nutzerbewertungen und -feedback können diese Systeme sicherstellen, dass die vorgeschlagenen Sehenswürdigkeiten und Aktivitäten den hohen Standards und Erwartungen der Reisenden entsprechen.

Entdeckung neuer Erlebnisse

Personalisierte Reiseführer helfen Reisenden, neue und einzigartige Erlebnisse zu entdecken, die sie möglicherweise nicht in Betracht gezogen hätten. Durch die Analyse der Präferenzen und des Verhaltens der Nutzer können KI-Systeme ungewöhnliche oder weniger bekannte Sehenswürdigkeiten und Aktivitäten vorschlagen, die den Interessen der Reisenden entsprechen und ihre Reise bereichern.

Funktionsweise von KI-gestützten Reiseführern
Datenanalyse und maschinelles Lernen

Die Grundlage für personalisierte Reiseempfehlungen ist die Datenanalyse. KI-Systeme sammeln und analysieren Daten aus verschiedenen Quellen, darunter Nutzerbewertungen, Suchhistorien, Social Media und Geolocation-Daten. Maschinelles Lernen spielt eine zentrale Rolle bei der Verarbeitung und Analyse dieser Daten, um Muster und Vorlieben zu erkennen. Basierend auf den gesammelten Daten erstellen die KI-Systeme detaillierte Nutzerprofile. Diese Profile umfassen Informationen über frühere Reisen, bevorzugte Aktivitäten, Lieblingsküchen und andere persönliche Interessen. Diese Profile werden ständig aktualisiert und verfeinert, um sicherzustellen, dass die Empfehlungen immer relevant und aktuell sind.Sobald die Nutzerprofile erstellt sind, nutzen die KI-Systeme Algorithmen des maschinellen Lernens, um maßgeschneiderte Empfehlungen zu generieren. Diese Algorithmen berücksichtigen verschiedene Faktoren, wie z.B. die Entfernung zu den Sehenswürdigkeiten, die Öffnungszeiten, das Wetter und die aktuellen Bewertungen, um die besten Vorschläge zu machen. Ein weiterer wichtiger Aspekt ist die Fähigkeit der KI-Systeme, aus dem Feedback der Nutzer zu lernen und ihre Empfehlungen entsprechend anzupassen. Wenn ein Nutzer eine empfohlene Sehenswürdigkeit besucht und bewertet, wird diese Bewertung in das System eingespeist und hilft, zukünftige Empfehlungen zu verbessern. Diese kontinuierliche Rückkopplungsschleife stellt sicher, dass die Empfehlungen immer genauer und persönlicher werden.

Herausforderungen und Überlegungen

Datenschutz und Sicherheit

Da KI-basierte Reiseführer große Mengen an persönlichen Daten sammeln und analysieren, ist der Datenschutz eine wichtige Überlegung. Nutzer müssen sicherstellen, dass die Plattformen, die sie verwenden, strenge Datenschutzrichtlinien einhalten und ihre Daten sicher speichern. Es ist wichtig, dass die Anbieter transparente Datenschutzpraktiken anwenden und den Nutzern die Kontrolle über ihre Daten geben.

Genauigkeit und Vertrauenswürdigkeit der Daten

Die Genauigkeit der Empfehlungen hängt stark von der Qualität und Vertrauenswürdigkeit der zugrunde liegenden Daten ab. Nutzerbewertungen und -feedback können subjektiv und manchmal unzuverlässig sein. Es ist wichtig, dass die KI-Systeme in der Lage sind, die Qualität der Daten zu bewerten und unzuverlässige Informationen zu filtern.

Kulturelle und sprachliche Unterschiede

Die Bereitstellung personalisierter Empfehlungen für Nutzer aus verschiedenen kulturellen und sprachlichen Hintergründen kann eine Herausforderung darstellen. KI-Systeme müssen in der Lage sein, kulturelle Unterschiede zu erkennen und Empfehlungen entsprechend anzupassen. Dies erfordert fortschrittliche Algorithmen und eine umfassende Datenbank, die verschiedene Kulturen und Sprachen berücksichtigt.

Nutzerakzeptanz

Die Akzeptanz durch die Nutzer ist entscheidend für den Erfolg personalisierter Reiseführer. Es ist wichtig, dass die Empfehlungen als hilfreich und relevant wahrgenommen werden. Nutzer müssen Vertrauen in die Genauigkeit und Zuverlässigkeit der Vorschläge haben, um sie regelmäßig zu verwenden. Dies erfordert kontinuierliche Verbesserungen und Anpassungen der Algorithmen, basierend auf dem Feedback der Nutzer.

Zukunftsaussichten

Die Zukunft personalisierter Reiseführer sieht vielversprechend aus, mit kontinuierlichen Fortschritten in der KI und Datenanalyse. Zukünftige Entwicklungen könnten erweiterte Funktionen wie die Integration von Augmented Reality (AR) bieten, um immersive und interaktive Reiseerlebnisse zu schaffen. AR könnte es den Nutzern ermöglichen, Sehenswürdigkeiten in Echtzeit zu erkunden und zusätzliche Informationen und Empfehlungen direkt auf ihrem Gerät zu erhalten. Darüber hinaus könnten KI-basierte Reiseführer weiter personalisiert werden, indem sie zusätzliche Datenquellen integrieren, wie z.B. Social Media Interaktionen und Echtzeit-Verhaltensanalysen. Dies würde es den Systemen ermöglichen, noch genauere und relevantere Empfehlungen zu geben. Die Integration von Sprachassistenten und Chatbots in personalisierte Reiseführer könnte ebenfalls die Nutzererfahrung verbessern. Diese Technologien könnten Reisenden helfen, schnell und einfach Informationen zu finden und Empfehlungen zu erhalten, indem sie einfache Sprachbefehle verwenden.

Fazit

Die Integration von KI in die Reiseplanung bietet erhebliche Vorteile, die die Art und Weise, wie wir reisen, grundlegend verändern. Von automatisierten Preisvergleichen und Buchungsempfehlungen über intelligente Navigation und Verkehrsvorhersagen bis hin zu personalisierten Reiseführern – KI macht die Reiseplanung effizienter, kostengünstiger und personalisierter. Automatisierte Preisvergleiche und Buchungsempfehlungen durch Plattformen wie Hopper und Skyscanner helfen Reisenden, die besten Angebote zu finden und Geld zu sparen. Intelligente Navigationssysteme wie Google Maps und Waze bieten Echtzeit-Verkehrsinformationen und optimierte Routenempfehlungen, die die Reisezeit verkürzen und die Sicherheit erhöhen. Personalisierte Reiseführer wie TripAdvisor und Google Travel nutzen KI, um maßgeschneiderte Empfehlungen für Sehenswürdigkeiten und Aktivitäten zu geben, die den individuellen Vorlieben und Interessen der Reisenden entsprechen. Trotz einiger Herausforderungen wie Datenschutz und Datenqualität bietet die kontinuierliche Weiterentwicklung dieser Technologien vielversprechende Perspektiven für die Zukunft. Die fortschreitende Integration von KI in die Reisebranche wird das Reisen weiterhin erleichtern und bereichern, indem sie personalisierte und effiziente Lösungen bietet, die auf die Bedürfnisse und Wünsche der Reisenden zugeschnitten sind.

Kapitel 9: KI im Einkaufserlebnis

Die Integration von Künstlicher Intelligenz (KI) hat das Einkaufserlebnis grundlegend verändert und bietet sowohl Verbrauchern als auch Einzelhändlern zahlreiche Vorteile. KI-basierte Systeme revolutionieren die Art und Weise, wie wir einkaufen, indem sie den Prozess personalisieren, automatisieren und optimieren. Durch den Einsatz fortschrittlicher Algorithmen und maschinellem Lernen können Händler besser auf die Bedürfnisse und Vorlieben der Kunden eingehen, was zu einer verbesserten Kundenzufriedenheit und gesteigerten Umsätzen führt. Ein wesentlicher Aspekt der Anwendung von KI im Einzelhandel ist die Personalisierung des Einkaufserlebnisses. KI-gestützte Plattformen wie Amazon und Netflix setzen Algorithmen ein, um personalisierte Produkt- und Inhaltsvorschläge zu machen, die auf dem Verhalten und den Präferenzen der Nutzer basieren. Diese Algorithmen analysieren vergangene Käufe, Suchhistorien und andere Interaktionen, um maßgeschneiderte Empfehlungen zu geben. Dies führt nicht nur zu einem angenehmeren Einkaufserlebnis, sondern erhöht auch die Wahrscheinlichkeit von Impulskäufen und steigert die Kundenbindung. Neben der Personalisierung spielt KI auch eine wichtige Rolle bei der Optimierung des Bestandsmanagements. Einzelhändler nutzen KI, um Nachfrageprognosen zu erstellen und Bestände effizient zu verwalten. Durch die Analyse von Verkaufsdaten, saisonalen Trends und anderen Faktoren können KI-Systeme vorhersagen, welche Produkte wann und in welcher Menge benötigt werden. Dies reduziert Lagerkosten und vermeidet sowohl Überbestände als auch Engpässe. Beispielsweise setzt Walmart KI ein, um seine Lieferkette zu optimieren und sicherzustellen, dass die richtigen

Produkte zur richtigen Zeit in den Regalen stehen. Ein weiteres bedeutendes Einsatzgebiet von KI im Einkaufserlebnis ist die Verbesserung des Kundenservice. Chatbots und virtuelle Assistenten, die auf natürlichen Sprachverarbeitungssystemen (Natural Language Processing, NLP) basieren, können rund um die Uhr Kundenanfragen beantworten, Bestellungen aufgeben und Unterstützung bei Problemen bieten. Diese KI-gestützten Assistenten können einfache Fragen sofort beantworten und kompliziertere Anfragen an menschliche Mitarbeiter weiterleiten, wodurch die Effizienz und Zufriedenheit der Kunden gesteigert wird. Ein Beispiel dafür ist der Kundendienst-Chatbot von H&M, der Kunden bei der Auswahl von Outfits und der Suche nach Produkten unterstützt.

KI verändert auch die Art und Weise, wie Einzelhändler Marketingstrategien entwickeln und umsetzen. Durch die Analyse von Kundendaten können KI-Systeme gezielte Marketingkampagnen erstellen, die auf die individuellen Bedürfnisse und Vorlieben der Verbraucher abgestimmt sind. Dies umfasst personalisierte E-Mails, maßgeschneiderte Anzeigen und spezifische Angebote, die die Wahrscheinlichkeit von Käufen erhöhen. Zum Beispiel nutzt Sephora KI, um personalisierte Schönheitsprodukte und Empfehlungen über ihre App und Website zu liefern, basierend auf den individuellen Hauttypen und Vorlieben der Kunden. Im Bereich der Preisgestaltung hilft KI Einzelhändlern, wettbewerbsfähige Preise zu ermitteln und dynamische Preisstrategien zu implementieren. Durch die Analyse von Markttrends, Wettbewerberpreisen und Verbraucherverhalten können KI-Systeme optimale Preisstrategien entwickeln, die den Umsatz maximieren und gleichzeitig die Gewinnmargen erhalten. Diese dynamische Preisgestaltung ermöglicht es den Einzelhändlern, auf Veränderungen im Marktumfeld schnell zu reagieren und ihre Preise entsprechend anzupassen. Ein Beispiel dafür ist die Preisstrategie von Amazon, die regelmäßig durch KI angepasst wird, um wettbewerbsfähig zu bleiben und die Kundennachfrage zu maximieren.

Auch im physischen Einzelhandel kommt KI zunehmend zum Einsatz. Intelligente Regale, die mit Sensoren und KI-Technologie ausgestattet sind, können den Bestand in Echtzeit überwachen und automatisch Bestellungen auslösen, wenn die Bestände niedrig sind. Dies verbessert die Effizienz der Bestandsverwaltung und sorgt dafür, dass die Regale immer gut gefüllt sind. Darüber hinaus nutzen einige Einzelhändler KI, um die Kundenbewegungen im Geschäft zu analysieren und die Ladenlayouts zu optimieren. Diese Analysen helfen, die Kundenströme zu verstehen und die Platzierung von Produkten so zu gestalten, dass sie besser zugänglich und attraktiver sind.

Ein weiteres innovatives Anwendungsgebiet von KI im Einzelhandel ist die Entwicklung von virtuellen Ankleideräumen. Diese ermöglichen es den Kunden, Kleidung und Accessoires virtuell anzuprobieren, ohne physisch im Laden zu sein. Durch den Einsatz von Augmented Reality (AR) und KI können Kunden sehen, wie Kleidungsstücke an ihnen aussehen würden, was das Einkaufserlebnis interaktiver und unterhaltsamer macht. Einzelhändler wie Zara und ASOS haben solche Technologien eingeführt, um das Einkaufserlebnis zu verbessern und die Online-Verkaufsrate zu steigern.

Darüber hinaus spielt KI eine entscheidende Rolle im Bereich der Lieferlogistik. Lieferdrohnen und autonome Fahrzeuge, die auf KI-Technologie basieren, werden zunehmend eingesetzt, um Lieferungen effizienter und schneller zu gestalten. Diese Technologien helfen dabei, Lieferzeiten zu verkürzen und die Kundenzufriedenheit zu erhöhen. Amazon hat mit seinem Prime Air-Drohnen-Lieferdienst und autonomen Lieferfahrzeugen Pionierarbeit geleistet und zeigt, wie KI die Logistikbranche revolutionieren kann.

Die Anwendung von KI im Einkaufserlebnis bietet auch Vorteile für den E-Commerce. Durch den Einsatz von KI können Online-Shops personalisierte Shopping-Erlebnisse schaffen, die die Kundenbindung und den Umsatz steigern. KI-basierte Such- und Empfehlungssysteme ermöglichen es den Kunden, schneller und einfacher die gewünschten Produkte zu finden. Darüber hinaus können KI-gestützte Tools wie virtuelle Assistenten und Chatbots den Kundenservice verbessern und die Konversionsraten erhöhen.

Einkaufsassistenten: Personalisierte Produktvorschläge und Einkaufslisten
Die Nutzung von Künstlicher Intelligenz (KI) in Einkaufsassistenten hat die Art und Weise, wie Verbraucher Produkte finden und Einkaufslisten erstellen, revolutioniert. Plattformen wie Amazon und eBay setzen auf fortschrittliche Algorithmen und maschinelles Lernen, um personalisierte Produktvorschläge und maßgeschneiderte Einkaufslisten zu erstellen. Diese Technologien

verbessern nicht nur das Einkaufserlebnis, sondern steigern auch die Effizienz und Zufriedenheit der Kunden.

Personalisierte Produktvorschläge

Einer der größten Vorteile von KI-gestützten Einkaufsassistenten ist die Fähigkeit, personalisierte Produktvorschläge zu machen. Plattformen wie Amazon und eBay nutzen komplexe Algorithmen, um das Verhalten und die Präferenzen der Nutzer zu analysieren. Diese Algorithmen berücksichtigen Faktoren wie frühere Käufe, Suchhistorien, Klickverhalten und Bewertungen, um individuelle Profile zu erstellen und maßgeschneiderte Empfehlungen zu geben.

Amazon ist ein Vorreiter auf diesem Gebiet und verwendet maschinelles Lernen, um seinen Nutzern personalisierte Produktvorschläge zu machen. Wenn ein Kunde auf der Plattform nach einem bestimmten Produkt sucht oder es kauft, analysiert Amazons Algorithmus diese Daten und vergleicht sie mit den Verhaltensmustern anderer Nutzer. Basierend auf diesen Analysen werden dem Kunden ähnliche Produkte empfohlen, die ihm ebenfalls gefallen könnten. Dieser Ansatz erhöht die Wahrscheinlichkeit, dass der Kunde zusätzliche Artikel kauft, die seinen Interessen entsprechen.

eBay nutzt ebenfalls KI, um personalisierte Empfehlungen zu bieten. Die Plattform analysiert die Such- und Kaufhistorie der Nutzer sowie ihre Interaktionen mit Produkten und Verkäufern. Auf dieser Grundlage erstellt eBay personalisierte Vorschläge, die den individuellen Vorlieben der Nutzer entsprechen. Diese personalisierten Empfehlungen helfen den Nutzern, relevante Produkte schneller zu finden und erleichtern das Einkaufserlebnis.

Einkaufslisten und Automatisierung

Ein weiteres bedeutendes Einsatzgebiet von KI in Einkaufsassistenten ist die Erstellung und Verwaltung von Einkaufslisten. KI-gestützte Systeme können automatisch Einkaufslisten basierend auf den Gewohnheiten und Präferenzen der Nutzer erstellen. Diese Listen werden kontinuierlich aktualisiert, um sicherzustellen, dass die Nutzer immer die benötigten Artikel zur Hand haben.

Amazon Alexa ist ein Beispiel für einen KI-gestützten Einkaufsassistenten, der Einkaufslisten automatisch erstellt und verwaltet. Nutzer können Alexa bitten, bestimmte Artikel zur Einkaufsliste hinzuzufügen, und die Assistentin erinnert sie daran, wann es Zeit ist, diese Artikel nachzukaufen. Alexa kann auch Vorschläge machen, basierend auf den bisherigen Einkaufsgewohnheiten des Nutzers, und so sicherstellen, dass keine wichtigen Artikel vergessen werden.

Google Shopping bietet ähnliche Funktionen und nutzt KI, um Einkaufslisten zu erstellen und zu verwalten. Die Plattform analysiert die Kaufhistorie und die Vorlieben der Nutzer, um personalisierte Listen zu erstellen. Diese Listen können automatisch aktualisiert werden, wenn neue Produkte hinzugefügt oder alte Produkte entfernt werden. Google Shopping bietet auch die Möglichkeit, Preisvergleiche durchzuführen und die besten Angebote für die Artikel auf der Einkaufsliste zu finden.

Vorteile von KI-gestützten Einkaufsassistenten

Zeitersparnis und Bequemlichkeit

Einer der größten Vorteile von KI-gestützten Einkaufsassistenten ist die Zeitersparnis. Anstatt stundenlang nach den richtigen Produkten zu suchen, können Nutzer sofort personalisierte Vorschläge erhalten, die auf ihren individuellen Vorlieben basieren. Dies macht das Einkaufen effizienter und weniger stressig.

Relevanz der Empfehlungen

KI-gestützte Einkaufsassistenten bieten relevante und maßgeschneiderte Empfehlungen, die den individuellen Bedürfnissen und Präferenzen der Nutzer entsprechen. Durch die Analyse von Nutzerdaten können diese Assistenten Produkte vorschlagen, die den höchsten Relevanzwert für den Nutzer haben. Dies führt zu einem verbesserten Einkaufserlebnis und einer höheren Zufriedenheit der Kunden.

Kosteneinsparungen

Durch die Nutzung von KI-gestützten Einkaufsassistenten können Nutzer auch Geld sparen. Diese Assistenten können Preisvergleiche durchführen und die besten Angebote für die gewünschten Produkte finden. Darüber hinaus können sie Benachrichtigungen senden, wenn die Preise für bestimmte Artikel sinken oder Sonderangebote verfügbar sind. Dies ermöglicht es den Nutzern, ihre Einkäufe zu optimieren und Kosten zu sparen.

Personalisierte Erlebnisse

Ein weiterer Vorteil von KI-gestützten Einkaufsassistenten ist die Personalisierung des Einkaufserlebnisses. Diese Assistenten können individuelle Profile erstellen und auf die spezifischen Bedürfnisse und Vorlieben der Nutzer eingehen. Dies führt zu einem persönlicheren und angenehmeren Einkaufserlebnis, das auf die individuellen Wünsche der Kunden zugeschnitten ist.

Automatisierung von Aufgaben

KI-gestützte Einkaufsassistenten können auch Routineaufgaben automatisieren, wie z.B. das Nachbestellen von regelmäßig benötigten Artikeln. Dies spart nicht nur Zeit, sondern stellt auch sicher, dass die Nutzer immer die Produkte zur Verfügung haben, die sie benötigen. Diese Automatisierung kann besonders nützlich für Haushalte und Unternehmen sein, die regelmäßig große Mengen an Produkten kaufen müssen.

Herausforderungen und Überlegungen

Datenschutz und Sicherheit

Eine der größten Herausforderungen bei der Nutzung von KI-gestützten Einkaufsassistenten ist der Datenschutz. Da diese Systeme große Mengen an persönlichen Daten sammeln und analysieren, ist es wichtig, dass die Anbieter strenge Datenschutzrichtlinien einhalten und die Daten der Nutzer sicher speichern. Nutzer müssen sich darüber im Klaren sein, welche Daten gesammelt werden und wie diese verwendet werden.

Abhängigkeit von Technologie

Eine weitere Herausforderung ist die Abhängigkeit von Technologie. Technische Probleme oder Ausfälle können den Einkaufserlebnis beeinträchtigen und zu Frustrationen bei den Nutzern führen. Es ist wichtig, dass die Systeme robust und zuverlässig sind, um ein nahtloses Einkaufserlebnis zu gewährleisten.

Genauigkeit der Empfehlungen

Die Genauigkeit der Empfehlungen ist ein weiterer kritischer Faktor. Wenn die Algorithmen nicht richtig funktionieren oder die Daten ungenau sind, können die vorgeschlagenen Produkte nicht den Erwartungen der Nutzer entsprechen. Es ist daher wichtig, dass die Anbieter kontinuierlich ihre Algorithmen überwachen und verbessern, um die Genauigkeit und Relevanz der Empfehlungen zu gewährleisten.

Zukünftige Entwicklungen

Die Zukunft der KI-gestützten Einkaufsassistenten sieht vielversprechend aus, mit kontinuierlichen Fortschritten in der KI und der Datenanalyse. Zukünftige Entwicklungen könnten erweiterte Funktionen bieten, wie z.B. die Integration von Augmented Reality (AR), um ein immersiveres Einkaufserlebnis zu schaffen. AR könnte es den Nutzern ermöglichen, Produkte virtuell auszuprobieren, bevor sie sie kaufen, was das Einkaufserlebnis interaktiver und unterhaltsamer macht. Darüber hinaus könnten zukünftige Einkaufsassistenten noch personalisierter werden, indem sie zusätzliche Datenquellen integrieren, wie z.B. Social Media Interaktionen und Echtzeit-Verhaltensanalysen. Dies würde es den Systemen ermöglichen, noch genauere und relevantere Empfehlungen zu geben.

Preisvergleiche: Automatisierte Preisverfolgung und Schnäppchenalarme

Die Integration von Künstlicher Intelligenz (KI) in das Einkaufserlebnis hat insbesondere den Bereich der Preisvergleiche und Schnäppchenjagd revolutioniert. Plattformen wie Honey und PriceSpy nutzen fortschrittliche Algorithmen, um Preise zu verfolgen, zu vergleichen und Benachrichtigungen über Preisänderungen und Sonderangebote zu senden. Diese Technologien machen das Einkaufen nicht nur effizienter, sondern helfen den Verbrauchern auch, erhebliche Kosten zu sparen.

Automatisierte Preisverfolgung

Eine der bemerkenswertesten Anwendungen von KI im Bereich der Preisvergleiche ist die automatisierte Preisverfolgung. Diese Technologie ermöglicht es Verbrauchern, die Preise für Produkte, die sie kaufen möchten, kontinuierlich zu überwachen. Sobald sich der Preis eines überwachten Produkts ändert, werden die Nutzer benachrichtigt. Diese Funktion ist besonders nützlich für Produkte, deren Preise stark schwanken, wie Elektronik oder Haushaltsgeräte. Honey ist ein bekanntes Browser-Add-on, das sich auf die Preisverfolgung spezialisiert hat. Honey analysiert die Preisentwicklung von Millionen von Produkten auf verschiedenen E-Commerce-Websites und speichert diese Informationen in einer Datenbank.

Nutzer können Produkte zu ihrer "Droplist" hinzufügen, und Honey überwacht automatisch die Preise dieser Produkte. Sobald der Preis eines Produkts sinkt, erhält der Nutzer eine Benachrichtigung, sodass er das Produkt zum bestmöglichen Preis kaufen kann. Dies hilft den Verbrauchern, nicht nur Geld zu sparen, sondern auch den besten Zeitpunkt für den Kauf zu finden. PriceSpy funktioniert ähnlich und bietet umfassende Preisvergleiche und Preisverfolgung für eine breite Palette von Produkten. Die Plattform durchsucht kontinuierlich Hunderte von Online-Shops, um die aktuellen Preise zu ermitteln. Nutzer können Produkte zu ihren Preisalarmen hinzufügen und werden benachrichtigt, wenn die Preise sinken. PriceSpy bietet auch historische Preisdaten, die es den Verbrauchern ermöglichen, Preistrends zu analysieren und fundierte Kaufentscheidungen zu treffen.

Schnäppchenalarme und Preisbenachrichtigungen

Schnäppchenalarme sind eine weitere nützliche Funktion, die durch KI-gestützte Preisvergleiche ermöglicht wird. Diese Alarme benachrichtigen die Nutzer, sobald ein Produkt, das sie interessiert, zu einem reduzierten Preis erhältlich ist oder wenn Sonderangebote verfügbar sind. Dies erleichtert es den Verbrauchern, Schnäppchen zu finden, ohne ständig die Preise manuell überprüfen zu müssen. Honey bietet zum Beispiel "Deal Alerts", die Nutzer über Sonderangebote und Rabatte informieren. Diese Alarme basieren auf den Vorlieben und dem Einkaufsverhalten der Nutzer, sodass die Benachrichtigungen besonders relevant sind. Honey durchsucht das Internet nach Gutscheinen und Rabatten und wendet diese automatisch beim Checkout an, was den Einkaufsprozess noch bequemer und kosteneffizienter macht. PriceSpy bietet ähnliche Benachrichtigungen und hilft den Nutzern, die besten Angebote zu finden. Die Plattform sendet Benachrichtigungen, wenn der Preis eines beobachteten Produkts sinkt oder wenn es Sonderangebote gibt. Diese Benachrichtigungen können per E-Mail oder Push-Nachricht gesendet werden, sodass die Nutzer immer auf dem Laufenden bleiben und keine Gelegenheit verpassen, ein Schnäppchen zu machen.

Vorteile der automatisierten Preisverfolgung und Schnäppchenalarme

Kosteneinsparungen

Der offensichtlichste Vorteil der automatisierten Preisverfolgung und Schnäppchenalarme ist die Kosteneinsparung. Verbraucher können sicherstellen, dass sie Produkte zum niedrigsten verfügbaren Preis kaufen, indem sie die Preisverfolgungs- und Alarmfunktionen nutzen. Dies ist besonders nützlich für teure Anschaffungen, bei denen selbst kleine Preisnachlässe zu erheblichen Einsparungen führen können.

Zeitersparnis

Durch die Automatisierung des Preisvergleichs und der Schnäppchenjagd sparen Verbraucher viel Zeit. Anstatt manuell Preise auf verschiedenen Websites zu vergleichen, können sie sich auf die KI-gestützten Tools verlassen, die diese Aufgaben automatisch erledigen. Dies macht den Einkaufsprozess effizienter und weniger stressig.

Transparenz und Informiertheit

KI-gestützte Preisvergleiche bieten eine hohe Transparenz, indem sie historische Preisdaten und aktuelle Preisvergleiche bereitstellen. Verbraucher können die Preistrends analysieren und informierte Kaufentscheidungen treffen. Diese Transparenz hilft den Nutzern, zu verstehen, wann der beste Zeitpunkt für den Kauf eines Produkts ist und ob ein angebotenes Schnäppchen wirklich ein gutes Geschäft ist.

Personalisierte Empfehlungen

Durch die Analyse des Nutzerverhaltens und der Präferenzen können KI-gestützte Plattformen personalisierte Empfehlungen und Benachrichtigungen bereitstellen. Dies bedeutet, dass die Verbraucher nur relevante Informationen erhalten, die auf ihre spezifischen Bedürfnisse und Interessen zugeschnitten sind. Diese Personalisierung verbessert das Einkaufserlebnis und erhöht die Zufriedenheit der Nutzer.

Herausforderungen und Überlegungen
Datenschutz und Sicherheit

Eine der größten Herausforderungen bei der Nutzung von KI-gestützten Preisverfolgungs- und Schnäppchenalarm-Tools ist der Datenschutz. Diese Plattformen sammeln und analysieren große Mengen an persönlichen Daten, um maßgeschneiderte Empfehlungen zu geben. Es ist wichtig, dass die Anbieter strenge Datenschutzrichtlinien einhalten und die Daten der Nutzer sicher speichern. Verbraucher sollten sich bewusst sein, welche Daten gesammelt werden und wie diese verwendet werden.

Genauigkeit der Daten

Die Genauigkeit der Preisverfolgung und der Schnäppchenalarme ist ein weiterer kritischer Faktor. Ungenaue oder veraltete Daten können dazu führen, dass Verbraucher falsche Kaufentscheidungen treffen. Es ist daher wichtig, dass die Plattformen kontinuierlich ihre Datenquellen überwachen und aktualisieren, um genaue und aktuelle Informationen bereitzustellen.

Technische Abhängigkeit

Die Abhängigkeit von Technologie bringt auch Herausforderungen mit sich. Technische Probleme oder Ausfälle können die Funktionalität der Preisverfolgungs- und Alarmtools beeinträchtigen. Es ist wichtig, dass die Systeme robust und zuverlässig sind, um ein nahtloses Einkaufserlebnis zu gewährleisten.

Zukünftige Entwicklungen

Die Zukunft der automatisierten Preisverfolgung und Schnäppchenalarme sieht vielversprechend aus, mit kontinuierlichen Fortschritten in der KI und der Datenanalyse. Zukünftige Entwicklungen könnten erweiterte Funktionen bieten, wie z.B. die Integration von zusätzlichen Datenquellen und die Nutzung von Blockchain-Technologie zur Verbesserung der Transparenz und Sicherheit. Darüber hinaus könnten zukünftige Plattformen noch personalisierter werden, indem sie zusätzliche Datenquellen wie Social Media Interaktionen und Echtzeit-Verhaltensanalysen integrieren. Dies würde es den Systemen ermöglichen, noch genauere und relevantere Empfehlungen zu geben. Insgesamt bieten KI-gestützte Preisverfolgungs-

und Schnäppchenalarm-Tools erhebliche Vorteile für Verbraucher, indem sie den Einkaufsprozess effizienter und kosteneffektiver gestalten. Durch die Automatisierung dieser Aufgaben können Verbraucher Zeit und Geld sparen, während sie gleichzeitig ein personalisiertes und angenehmeres Einkaufserlebnis genießen. Mit fortschreitender Technologie und Innovation wird die Rolle von KI in diesem Bereich weiter wachsen und das Einkaufserlebnis nachhaltig verändern.

Lieferdienste: Optimierte Lieferzeiten und -routen durch KI

Die Nutzung von Künstlicher Intelligenz (KI) hat in den letzten Jahren die Lieferdienstbranche revolutioniert. Plattformen wie Instacart und Deliveroo nutzen fortschrittliche Algorithmen und maschinelles Lernen, um Lieferzeiten und -routen zu optimieren. Diese Technologien bieten sowohl für die Anbieter als auch für die Kunden zahlreiche Vorteile, darunter kürzere Lieferzeiten, verbesserte Effizienz und höhere Kundenzufriedenheit.

Optimierung von Lieferzeiten

Einer der größten Vorteile der Integration von KI in Lieferdienste ist die Fähigkeit, Lieferzeiten zu optimieren. KI-basierte Systeme analysieren eine Vielzahl von Daten, darunter Verkehrsbedingungen, Wetter, Bestellvolumen und historische Lieferdaten, um die schnellsten und effizientesten Lieferwege zu berechnen. Durch diese Analysen können Lieferdienste genauere Vorhersagen über die Ankunftszeiten machen und den Kunden eine zuverlässigere Schätzung geben. Instacart, ein führender Online-Lieferdienst für Lebensmittel, nutzt KI, um die Lieferzeiten zu optimieren. Das Unternehmen verwendet Algorithmen, die Echtzeit-Daten aus verschiedenen Quellen analysieren, um die besten Lieferfenster zu ermitteln. Instacart berücksichtigt dabei auch die Verfügbarkeit der Lieferfahrer und die Entfernung zwischen dem Lager oder Geschäft und dem Kunden. Durch diese Optimierungen kann Instacart die Lieferzeiten minimieren und sicherstellen, dass die Kunden ihre Bestellungen so schnell wie möglich erhalten. Deliveroo, ein führender Anbieter von Essenslieferungen, setzt ebenfalls auf KI, um die Lieferzeiten zu verbessern. Deliveroo verwendet maschinelles Lernen, um die besten Routen für die Fahrer zu berechnen und die Lieferungen effizient zu koordinieren. Das System berücksichtigt dabei Echtzeit-Verkehrsdaten, die Entfernung zwischen den Restaurants und den Kunden sowie die Anzahl der gleichzeitig zu liefernden Bestellungen. Dies ermöglicht es Deliveroo, die Lieferzeiten zu verkürzen und die Effizienz zu maximieren.

Optimierung von Lieferwegen

Neben der Optimierung der Lieferzeiten spielt die Optimierung der Lieferwege eine entscheidende Rolle bei der Verbesserung der Effizienz von Lieferdiensten. KI-gestützte Systeme können die besten Routen für die Fahrer berechnen, um den Kraftstoffverbrauch zu minimieren und die Lieferzeiten zu verkürzen. Dies führt nicht nur zu Kosteneinsparungen für die Unternehmen, sondern auch zu einer Reduzierung der Umweltbelastung. Instacart nutzt Algorithmen zur Routenoptimierung, um die besten Wege für die Fahrer zu berechnen. Das System analysiert Echtzeit-Daten zu Verkehrsbedingungen, Baustellen und Straßensperrungen, um die schnellsten und effizientesten Routen zu ermitteln. Instacart kann auch mehrere Lieferungen in einer Route bündeln, um die Effizienz zu maximieren und den Kraftstoffverbrauch zu minimieren. Dies führt zu einer schnelleren Lieferung der Bestellungen und einer Reduzierung der Betriebskosten. Deliveroo verwendet ähnliche Techniken zur Routenoptimierung, um die Effizienz der Lieferungen zu steigern. Die Plattform analysiert kontinuierlich Echtzeit-Daten, um die besten Routen für die Fahrer zu berechnen. Dies umfasst die Berücksichtigung von Verkehrsbedingungen, Wetter und anderen Faktoren, die die Lieferzeiten beeinflussen können. Durch die Optimierung der Routen kann Deliveroo sicherstellen, dass die Fahrer ihre Bestellungen schnell und effizient ausliefern.

Vorteile für Kunden und Unternehmen

Die Nutzung von KI zur Optimierung von Lieferzeiten und -routen bietet sowohl für die Kunden als auch für die Unternehmen zahlreiche Vorteile. Für die Kunden bedeutet dies kürzere Wartezeiten und eine zuverlässigere Lieferung ihrer Bestellungen. Dies führt zu einer höheren Kundenzufriedenheit und einer stärkeren Kundenbindung. Für die Unternehmen bedeutet dies eine verbesserte Effizienz und Kosteneinsparungen, die zu einer höheren Rentabilität führen.

Kürzere Lieferzeiten: Durch die Optimierung der Lieferzeiten können Kunden ihre Bestellungen schneller erhalten. Dies ist besonders wichtig für

Lieferdienste, die frische Lebensmittel oder zubereitete Mahlzeiten liefern, da die Qualität der Produkte oft von der Lieferzeit abhängt. Kürzere Lieferzeiten verbessern die Kundenzufriedenheit und tragen dazu bei, dass die Kunden den Service erneut nutzen.

Höhere Effizienz: Die Optimierung der Lieferwege führt zu einer höheren Effizienz, da die Fahrer weniger Zeit auf der Straße verbringen und mehr Bestellungen in kürzerer Zeit ausliefern können. Dies reduziert den Kraftstoffverbrauch und die Betriebskosten und ermöglicht es den Unternehmen, mehr Bestellungen zu bearbeiten und ihren Umsatz zu steigern.

Kosteneinsparungen: Durch die Verbesserung der Effizienz und die Reduzierung der Betriebskosten können Unternehmen erhebliche Kosteneinsparungen erzielen. Dies ermöglicht es ihnen, wettbewerbsfähigere Preise anzubieten und ihre Gewinnmargen zu erhöhen. Kosteneinsparungen können auch in Form von besseren Arbeitsbedingungen und höheren Löhnen für die Fahrer weitergegeben werden, was die Mitarbeiterzufriedenheit erhöht.

Umweltfreundlichkeit: Die Optimierung der Lieferwege führt zu einer Reduzierung des Kraftstoffverbrauchs und der CO_2-Emissionen. Dies trägt zur Verringerung der Umweltbelastung bei und unterstützt die Nachhaltigkeitsziele der Unternehmen. Umweltfreundlichere Lieferungen sind auch für umweltbewusste Kunden attraktiv und können das Markenimage verbessern.

Herausforderungen und Überlegungen

Datenschutz und Sicherheit: Eine der größten Herausforderungen bei der Nutzung von KI zur Optimierung von Lieferzeiten und -routen ist der Datenschutz. Diese Systeme sammeln und analysieren große Mengen an Daten, darunter persönliche Informationen der Kunden und Standortdaten der Fahrer. Es ist wichtig, dass die Unternehmen strenge Datenschutzrichtlinien einhalten und die Daten der Nutzer sicher speichern.

Genauigkeit der Daten: Die Genauigkeit der Lieferzeiten und -routen hängt stark von der Qualität der zugrunde liegenden Daten ab. Ungenaue oder veraltete Daten können zu falschen Vorhersagen und ineffizienten Routen führen. Es ist daher wichtig, dass die Unternehmen kontinuierlich ihre Datenquellen überwachen und aktualisieren, um genaue und aktuelle Informationen bereitzustellen.

Technische Abhängigkeit: Die Abhängigkeit von Technologie bringt auch Herausforderungen mit sich. Technische Probleme oder Ausfälle können die Lieferzeiten und -routen beeinträchtigen und zu Verzögerungen führen. Es ist wichtig, dass die Systeme robust und zuverlässig sind, um ein nahtloses Liefererlebnis zu gewährleisten.

Zukünftige Entwicklungen

Die Zukunft der KI-gestützten Lieferdienste sieht vielversprechend aus, mit kontinuierlichen Fortschritten in der KI und der Datenanalyse. Zukünftige Entwicklungen könnten erweiterte Funktionen bieten, wie z.B. die Integration von zusätzlichen Datenquellen und die Nutzung von Blockchain-Technologie zur Verbesserung der Transparenz und Sicherheit. Darüber hinaus könnten autonome Lieferfahrzeuge und Drohnen die nächste große Innovation im Bereich der Lieferdienste sein. Diese Technologien könnten die Lieferzeiten weiter verkürzen und die Effizienz erhöhen, indem sie menschliche Fahrer ersetzen und rund um die Uhr Lieferungen ermöglichen. Unternehmen wie Amazon und Google experimentieren bereits mit autonomen Lieferfahrzeugen und Drohnen, um die Zukunft der Lieferung zu gestalten. Insgesamt bietet die Nutzung von KI zur Optimierung von Lieferzeiten und -routen erhebliche Vorteile für die Lieferdienste, die Kunden und die Umwelt. Mit fortschreitender Technologie und Innovation wird die Rolle von KI in diesem Bereich weiter wachsen und das Liefererlebnis nachhaltig verändern.

Kapitel 10: KI in der sozialen Interaktion

Die Integration von Künstlicher Intelligenz (KI) in die soziale Interaktion hat tiefgreifende Auswirkungen auf die Art und Weise, wie Menschen miteinander kommunizieren und interagieren. KI-basierte Systeme und Anwendungen haben die sozialen Plattformen und Kommunikationsmittel revolutioniert, indem sie personalisierte, effiziente und interaktive Erfahrungen bieten. Von sozialen Medien über Chatbots bis hin zu Sprachassistenten – die Nutzung von KI hat die Dynamik der sozialen Interaktion grundlegend verändert.

Personalisierte Inhalte und Empfehlungen

Ein wesentlicher Aspekt der KI in der sozialen Interaktion ist die Personalisierung von Inhalten und Empfehlungen. Soziale Medienplattformen wie Facebook, Instagram und Twitter nutzen fortschrittliche Algorithmen, um personalisierte Feeds zu erstellen, die auf den Interessen und dem Verhalten der Nutzer basieren. Diese Algorithmen analysieren Daten wie Likes, Kommentare, geteilte Inhalte und die Interaktionsmuster der Nutzer, um maßgeschneiderte Inhalte zu liefern, die ihre Präferenzen und Interessen widerspiegeln. Facebook verwendet beispielsweise maschinelles Lernen, um den News Feed jedes Nutzers zu personalisieren. Der Algorithmus bewertet die Relevanz jedes Beitrags basierend auf verschiedenen Signalen, darunter Interaktionshistorie, Art des Inhalts und das Verhalten der Freunde des Nutzers. Das Ziel ist es, die Inhalte anzuzeigen, die für den jeweiligen Nutzer am relevantesten und ansprechendsten sind. Diese Personalisierung erhöht das Engagement und die

Zufriedenheit der Nutzer, indem sie sicherstellt, dass sie Inhalte sehen, die ihren Interessen entsprechen.

Chatbots und virtuelle Assistenten

KI-gesteuerte Chatbots und virtuelle Assistenten haben die Art und Weise, wie Menschen mit Unternehmen und Dienstleistungen interagieren, revolutioniert. Diese Technologien ermöglichen es Nutzern, Fragen zu stellen, Bestellungen aufzugeben und Unterstützung zu erhalten, ohne dass menschliches Eingreifen erforderlich ist. Chatbots sind in der Lage, natürliche Sprache zu verstehen und kontextbezogene Antworten zu geben, was die Benutzererfahrung erheblich verbessert. Chatbots sind in verschiedenen Bereichen weit verbreitet, von Kundenservice über E-Commerce bis hin zu sozialen Plattformen. Unternehmen wie H&M und Sephora nutzen Chatbots, um Kunden bei der Produktauswahl zu helfen, Bestellungen entgegenzunehmen und Fragen zu beantworten. Diese Chatbots können rund um die Uhr verfügbar sein, was die Effizienz und Zugänglichkeit des Kundenservice erhöht. Virtuelle Assistenten wie Siri, Google Assistant und Amazon Alexa bieten eine weitere Ebene der Interaktion. Diese Assistenten nutzen fortschrittliche Sprachverarbeitungstechnologien, um natürliche Gespräche zu führen und Aufgaben zu erledigen, die von der Beantwortung einfacher Fragen bis hin zur Steuerung von Smart-Home-Geräten reichen. Sie ermöglichen es den Nutzern, Informationen schnell zu finden und alltägliche Aufgaben effizienter zu erledigen.

Verbesserte Online-Kommunikation

KI hat auch die Online-Kommunikation verbessert, indem sie Tools bereitstellt, die die Verständigung erleichtern und die Interaktion angenehmer machen. Übersetzungsdienste, Textvorschläge und Stimmungsanalysen sind Beispiele dafür, wie KI die Kommunikation unterstützt und verbessert.

Übersetzungsdienste wie Google Translate nutzen neuronale Netze, um präzise Übersetzungen in Echtzeit zu liefern. Diese Dienste ermöglichen es Menschen, Sprachbarrieren zu überwinden und miteinander zu kommunizieren, unabhängig von ihrer Muttersprache. Die fortschrittliche KI-Technologie stellt sicher, dass die Übersetzungen kontextbezogen und akkurat sind, was die Qualität der Kommunikation verbessert. Textvorschläge und Autovervollständigung, wie sie in E-Mail-Diensten und Messaging-Apps wie Gmail und WhatsApp verwendet werden, nutzen maschinelles Lernen, um die Eingaben der Nutzer zu analysieren und relevante Vorschläge zu machen. Diese Funktionen beschleunigen das Schreiben von Nachrichten und E-Mails, indem sie häufig verwendete Phrasen und Wörter vorschlagen, was die Kommunikation effizienter macht. Stimmungsanalyse ist ein weiteres Beispiel dafür, wie KI die soziale Interaktion verbessern kann. Diese Technologie analysiert den Ton und die Stimmung von Textnachrichten, um den emotionalen Gehalt zu erkennen. Unternehmen nutzen Stimmungsanalyse, um Kundenfeedback zu verstehen und darauf zu reagieren, während soziale Medienplattformen sie verwenden, um die Sicherheit der Nutzer zu gewährleisten, indem sie potenziell schädliche oder beleidigende Inhalte identifizieren.

Soziale Netzwerke und Gemeinschaftsbildung

KI hat auch die Art und Weise verändert, wie Menschen soziale Netzwerke nutzen und Gemeinschaften bilden. Algorithmen helfen Nutzern, neue Verbindungen zu knüpfen, Gruppen beizutreten und Inhalte zu entdecken, die für sie relevant sind. Diese personalisierten Empfehlungen fördern die Bildung von Gemeinschaften und das Gefühl der Zugehörigkeit. LinkedIn nutzt KI, um Jobempfehlungen zu personalisieren und Netzwerkmöglichkeiten zu identifizieren. Der Algorithmus analysiert die berufliche Geschichte, Fähigkeiten und Verbindungen eines Nutzers, um passende Jobangebote und relevante Kontakte vorzuschlagen. Dies erleichtert es den Nutzern, berufliche Netzwerke aufzubauen und Karrierechancen zu finden. Facebook und Twitter verwenden ähnliche Algorithmen, um Nutzer mit Gruppen und Inhalten zu verbinden, die ihren Interessen entsprechen. Durch die Analyse des Verhaltens und der Interaktionen der Nutzer können diese Plattformen personalisierte Vorschläge machen, die die Nutzererfahrung verbessern und die Bildung von Gemeinschaften fördern.

Herausforderungen und ethische Überlegungen

Trotz der zahlreichen Vorteile gibt es auch Herausforderungen und ethische Überlegungen im Zusammenhang mit der Nutzung von KI in der sozialen Interaktion. Datenschutz und Sicherheit sind zentrale Anliegen, da KI-Systeme große Mengen an persönlichen Daten sammeln und analysieren. Es ist wichtig, dass die Unternehmen strenge Datenschutzrichtlinien einhalten und die Daten der Nutzer sicher speichern. Ein weiteres ethisches Problem ist die Verzerrung und Diskriminierung, die durch Algorithmen verursacht werden kann. KI-Systeme können unbewusste Vorurteile übernehmen und verstärken, was zu ungerechten Entscheidungen und Empfehlungen führen kann. Unternehmen müssen sicherstellen, dass ihre Algorithmen fair und transparent sind und Mechanismen zur Korrektur von Verzerrungen implementieren. Die Abhängigkeit von KI in der sozialen Interaktion wirft auch Fragen zur menschlichen Autonomie und Entscheidungsfindung auf. Es ist wichtig, dass Nutzer die Kontrolle über ihre Daten und die Art und Weise, wie sie verwendet werden, behalten. Unternehmen sollten transparente Informationen darüber bereitstellen, wie ihre Algorithmen funktionieren und welche Auswirkungen sie auf die Nutzer haben können.

Social Media Management: Automatisierte Beiträge und Interaktionen auf sozialen Plattformen

Die Verwaltung von Social-Media-Konten kann eine komplexe und zeitaufwändige Aufgabe sein, insbesondere für Unternehmen und Organisationen, die auf mehreren Plattformen aktiv sind. Künstliche Intelligenz (KI) hat das Social Media Management revolutioniert, indem sie Tools bereitstellt, die automatisierte Beiträge und Interaktionen ermöglichen. Plattformen wie Buffer und Hootsuite nutzen fortschrittliche Algorithmen, um die Effizienz und Effektivität von Social-Media-Aktivitäten zu steigern. Diese Technologien bieten eine Vielzahl von Funktionen, die es Unternehmen ermöglichen, ihre Präsenz in sozialen Medien zu optimieren, das Engagement zu erhöhen und ihre Zielgruppen besser zu erreichen.

Automatisierte Beiträge

Einer der größten Vorteile von KI im Social Media Management ist die Möglichkeit, Beiträge zu automatisieren. Dies umfasst die Planung und Veröffentlichung von Inhalten zu optimalen Zeiten, um die Reichweite und das Engagement zu maximieren. Tools wie Buffer und Hootsuite bieten Funktionen zur automatischen Planung und Veröffentlichung von Beiträgen auf verschiedenen Social-Media-Plattformen, darunter Facebook, Twitter, Instagram und LinkedIn. Buffer ist ein beliebtes Tool, das es Nutzern ermöglicht, Beiträge im Voraus zu planen und automatisch zu den besten Zeiten zu veröffentlichen. Buffer analysiert die Interaktionsmuster der Follower, um die optimalen Zeiten für die Veröffentlichung zu bestimmen. Nutzer können eine Warteschlange von Beiträgen erstellen, die zu festgelegten Zeiten veröffentlicht werden, was den manuellen Aufwand erheblich reduziert. Hootsuite bietet ähnliche Funktionen, mit denen Nutzer Beiträge planen und veröffentlichen können. Hootsuite ermöglicht es Nutzern, Inhalte auf mehreren Plattformen gleichzeitig zu planen und zu verwalten. Die Plattform bietet auch Analysen und Berichte, die Einblicke in die Leistung der Beiträge geben, sodass Nutzer ihre Social-Media-Strategien kontinuierlich verbessern können.

Automatisierte Interaktionen

Neben der Automatisierung von Beiträgen bietet KI auch die Möglichkeit, Interaktionen in sozialen Medien zu automatisieren. Dies umfasst das Beantworten von Kommentaren, das Versenden von Nachrichten und das Reagieren auf Erwähnungen und Hashtags. Automatisierte Interaktionen können die Reaktionszeit verbessern und das Engagement der Follower erhöhen. Chatbots sind ein häufig genutztes Werkzeug zur Automatisierung von Interaktionen. Unternehmen setzen Chatbots ein, um Kundenanfragen zu beantworten, Unterstützung zu bieten und häufig gestellte Fragen zu klären. Chatbots können rund um die Uhr verfügbar sein und sofortige Antworten liefern, was die Effizienz des Kundenservice erhöht. Ein Beispiel ist der Chatbot von Sephora, der Kunden bei der Produktauswahl hilft und individuelle Empfehlungen gibt. Social Listening ist eine weitere Technik, die KI nutzt, um Gespräche über eine Marke oder ein Unternehmen in sozialen Medien zu überwachen. Tools wie Hootsuite und Brandwatch verwenden Algorithmen zur Analyse von Erwähnungen, Hashtags und Keywords, um relevante Gespräche zu identifizieren. Diese Tools können automatisch auf Erwähnungen reagieren, indem sie vorgefertigte Antworten senden oder Benachrichtigungen an das Social-Media-Team des Unternehmens auslösen, sodass diese schnell reagieren können.

Vorteile der automatisierten Social-Media-Verwaltung

Zeitersparnis: Einer der größten Vorteile der Automatisierung im Social Media Management ist die erhebliche Zeitersparnis. Durch die Automatisierung von Routineaufgaben wie der Planung und Veröffentlichung von Beiträgen können sich Social-Media-Manager auf strategischere Aufgaben konzentrieren. Dies ermöglicht es ihnen, ihre Zeit effizienter zu nutzen und ihre Social-Media-Strategien zu optimieren.

Konsistenz: Die Automatisierung hilft dabei, eine konsistente Präsenz in sozialen Medien aufrechtzuerhalten. Durch die Planung von Beiträgen im Voraus können Unternehmen sicherstellen, dass sie regelmäßig und zu den besten Zeiten posten, um ihre Zielgruppe zu erreichen. Dies ist besonders wichtig für die Aufrechterhaltung des Engagements und der Sichtbarkeit in den sozialen Medien.

Erhöhtes Engagement: Automatisierte Interaktionen können das Engagement der Follower erhöhen, indem sie schnelle und relevante Antworten auf Kommentare und Nachrichten liefern. Dies verbessert nicht nur die Nutzererfahrung, sondern trägt auch zur Stärkung der Kundenbindung bei. Indem sie schnell auf Anfragen und Kommentare reagieren, können Unternehmen zeigen, dass sie ihre Follower schätzen und ernst nehmen.

Datenanalyse und Einblicke: KI-gestützte Tools bieten umfangreiche Analysen und Einblicke in die Leistung von Social-Media-Aktivitäten. Plattformen wie Buffer und Hootsuite bieten Berichte, die Metriken wie Reichweite, Engagement, Klicks und Conversions analysieren. Diese Daten helfen Unternehmen, die Effektivität ihrer Social-Media-Strategien zu bewerten und fundierte Entscheidungen zu treffen.

Herausforderungen und ethische Überlegungen
Datenschutz und Sicherheit: Eine der größten Herausforderungen bei der Nutzung von KI im Social Media Management ist der Datenschutz. Diese

Tools sammeln und analysieren große Mengen an Daten, was Bedenken hinsichtlich der Privatsphäre aufwerfen kann. Es ist wichtig, dass Unternehmen strenge Datenschutzrichtlinien einhalten und die Daten der Nutzer sicher speichern.

Autonomie und Authentizität: Eine weitere Herausforderung besteht darin, die Balance zwischen Automatisierung und Authentizität zu finden. Während automatisierte Interaktionen Zeit sparen und das Engagement erhöhen können, besteht die Gefahr, dass sie unpersönlich wirken. Unternehmen müssen sicherstellen, dass ihre automatisierten Antworten menschlich und authentisch klingen, um die Beziehungen zu ihren Followern zu stärken.

Algorithmen-Bias: KI-Algorithmen können unbewusste Vorurteile übernehmen und verstärken, was zu einer verzerrten Darstellung und Ungerechtigkeiten führen kann. Es ist wichtig, dass die Algorithmen regelmäßig überprüft und angepasst werden, um sicherzustellen, dass sie fair und transparent sind.

Zukünftige Entwicklungen

Die Zukunft der KI im Social Media Management verspricht weitere Verbesserungen und Innovationen. Mit den Fortschritten in der KI und der Datenanalyse werden diese Tools noch präziser und leistungsfähiger werden. Zukünftige Entwicklungen könnten erweiterte Funktionen bieten, wie z.B. die Integration von zusätzlichen Datenquellen und die Nutzung von Blockchain-Technologie zur Verbesserung der Transparenz und Sicherheit.

Intelligente Content-Erstellung: Künftig könnten KI-gestützte Tools auch bei der Erstellung von Inhalten helfen. Durch die Analyse von Daten und Trends könnten diese Tools Vorschläge für Themen und Formate machen, die bei der Zielgruppe gut ankommen. Dies würde die Content-Strategie weiter optimieren und die Relevanz der Beiträge erhöhen.

Emotionale Intelligenz: Ein weiterer potenzieller Fortschritt ist die Entwicklung von KI-Systemen, die emotionale Intelligenz nutzen. Diese Systeme könnten in der Lage sein, die Stimmung und Emotionen der Nutzer zu erkennen und entsprechend zu reagieren. Dies würde die Qualität der Interaktionen verbessern und zu einer stärkeren Kundenbindung führen.

Kommunikationsassistenten: Personalisierte Antworten und E-Mail-Management

Die Integration von Künstlicher Intelligenz (KI) in Kommunikationsassistenten hat die Art und Weise, wie Menschen E-Mails und andere schriftliche Kommunikation verwalten, revolutioniert. Tools wie Grammarly und Crystal nutzen fortschrittliche Algorithmen und maschinelles Lernen, um personalisierte Antworten zu generieren und das E-Mail-Management zu optimieren. Diese Technologien bieten eine Vielzahl von Funktionen, die die Effizienz und Effektivität der Kommunikation verbessern und es den Nutzern ermöglichen, ihre Zeit besser zu nutzen.

Personalisierte Antworten

Ein wesentlicher Vorteil von KI-gestützten Kommunikationsassistenten ist die Fähigkeit, personalisierte Antworten zu generieren. Diese Assistenten nutzen Algorithmen des maschinellen Lernens, um den Kontext und den Inhalt der empfangenen Nachrichten zu analysieren und passende Antworten vorzuschlagen. Dies spart Zeit und stellt sicher, dass die Antworten präzise und relevant sind. Grammarly ist ein bekanntes Tool, das sich auf die Verbesserung der schriftlichen Kommunikation spezialisiert hat. Es bietet nicht nur Rechtschreib- und Grammatikprüfungen, sondern auch Vorschläge für die Verbesserung des Schreibstils und der Tonalität. Grammarly kann die Stimmung und den Kontext einer E-Mail analysieren und passende Vorschläge machen, um die Nachricht klarer und effektiver zu gestalten. Diese Funktion ist besonders nützlich für Geschäftsleute, die täglich zahlreiche E-Mails verfassen müssen. Crystal ist ein weiteres Beispiel für einen KI-gestützten Kommunikationsassistenten, der personalisierte Antworten bietet. Crystal analysiert das Kommunikationsverhalten der Empfänger und bietet Vorschläge, wie man am besten mit ihnen kommuniziert. Basierend auf der Analyse von E-Mails und sozialen Medien erstellt Crystal Persönlichkeitsprofile, die helfen, den Ton und die Struktur der Nachrichten anzupassen. Dies führt zu einer effektiveren und zielgerichteten Kommunikation.

E-Mail-Management

Neben der Generierung personalisierter Antworten spielt KI auch eine entscheidende Rolle beim E-Mail-Management. Kommunikationsassistenten können eingehende E-Mails automatisch sortieren, priorisieren und archivieren, was die Verwaltung des Posteingangs erheblich erleichtert. Gmail nutzt maschinelles Lernen, um eingehende E-Mails zu kategorisieren und in verschiedene Tabs wie "Primär", "Sozial" und "Werbung" zu sortieren. Diese automatische Sortierung hilft den Nutzern, ihren Posteingang organisiert zu halten und sich auf die wichtigsten Nachrichten zu konzentrieren. Gmail bietet auch die Funktion "Smart Reply", die automatisch generierte Antwortvorschläge basierend auf dem Inhalt der empfangenen E-Mails liefert. Diese Funktion beschleunigt das Beantworten von E-Mails erheblich. Outlook von Microsoft bietet ähnliche Funktionen mit der "Fokussierter Posteingang"-Funktion, die wichtige E-Mails von weniger wichtigen trennt. Outlook verwendet maschinelles Lernen, um zu bestimmen, welche E-Mails für den Nutzer am wichtigsten sind, und zeigt diese im fokussierten Posteingang an. Dies hilft den Nutzern, ihre Zeit effizienter zu nutzen und sicherzustellen, dass sie keine wichtigen Nachrichten übersehen.

Vorteile von KI-gestützten Kommunikationsassistenten

Zeitersparnis: Einer der größten Vorteile von KI-gestützten Kommunikationsassistenten ist die erhebliche Zeitersparnis. Durch die Automatisierung der Erstellung und Verwaltung von E-Mails können sich die Nutzer auf wichtigere Aufgaben konzentrieren. Dies ist besonders vorteilhaft für Geschäftsleute und vielbeschäftigte Fachleute, die täglich eine große Anzahl von E-Mails bearbeiten müssen.

Verbesserte Kommunikation: KI-gestützte Kommunikationsassistenten verbessern die Qualität der schriftlichen Kommunikation, indem sie präzise und relevante Antworten generieren. Tools wie Grammarly und Crystal bieten Vorschläge zur Verbesserung des Schreibstils und der Tonalität, was zu klareren und effektiveren Nachrichten führt. Dies verbessert nicht nur die Kommunikation, sondern auch die Beziehungen zu Kunden, Kollegen und Geschäftspartnern.

Effizientes E-Mail-Management: Die Automatisierung des E-Mail-Managements hilft den Nutzern, ihren Posteingang organisiert zu halten und sich auf die wichtigsten Nachrichten zu konzentrieren. Durch die automatische Sortierung, Priorisierung und Archivierung von E-Mails können Nutzer ihre Zeit effizienter nutzen und sicherstellen, dass sie keine wichtigen Nachrichten verpassen.

Personalisierung: KI-gestützte Kommunikationsassistenten bieten personalisierte Vorschläge, die auf dem Kommunikationsverhalten und den Präferenzen der Empfänger basieren. Dies führt zu einer zielgerichteten und effektiven Kommunikation, die die Bedürfnisse und Erwartungen der Empfänger berücksichtigt. Tools wie Crystal helfen den Nutzern, den Ton und die Struktur ihrer Nachrichten anzupassen, um die gewünschte Wirkung zu erzielen.

Herausforderungen und ethische Überlegungen

Datenschutz und Sicherheit: Eine der größten Herausforderungen bei der Nutzung von KI-gestützten Kommunikationsassistenten ist der Datenschutz. Diese Tools sammeln und analysieren große Mengen an persönlichen Daten, was Bedenken hinsichtlich der Privatsphäre aufwerfen kann. Es ist wichtig, dass die Anbieter strenge Datenschutzrichtlinien einhalten und die Daten der Nutzer sicher speichern.

Genauigkeit und Zuverlässigkeit: Die Genauigkeit und Zuverlässigkeit der von KI-gestützten Kommunikationsassistenten generierten Antworten ist ein weiterer kritischer Faktor. Ungenaue oder unpassende Vorschläge können die Qualität der Kommunikation beeinträchtigen. Es ist wichtig, dass die Algorithmen regelmäßig überprüft und verbessert werden, um sicherzustellen, dass die Vorschläge präzise und relevant sind.

Autonomie und Kontrolle: Die Abhängigkeit von KI in der Kommunikation wirft auch Fragen zur menschlichen Autonomie und Entscheidungsfindung auf. Es ist wichtig, dass Nutzer die Kontrolle über ihre Daten und die Art und Weise, wie sie verwendet werden, behalten. Unternehmen sollten transparente Informationen darüber bereitstellen, wie ihre Algorithmen funktionieren und welche Auswirkungen sie auf die Nutzer haben können.

Zukünftige Entwicklungen

Die Zukunft der KI-gestützten Kommunikationsassistenten verspricht weitere Verbesserungen und Innovationen. Mit den Fortschritten in der KI und der Datenanalyse werden diese Tools noch präziser und leistungsfähiger werden. Zukünftige Entwicklungen könnten erweiterte Funktionen bieten, wie z.B. die Integration von zusätzlichen Datenquellen und die Nutzung von Blockchain-Technologie zur Verbesserung der Transparenz und Sicherheit.

Emotionale Intelligenz: Ein weiterer potenzieller Fortschritt ist die Entwicklung von KI-Systemen, die emotionale Intelligenz nutzen. Diese Systeme könnten in der Lage sein, die Stimmung und Emotionen der Empfänger zu erkennen und entsprechend zu reagieren. Dies würde die Qualität der Kommunikation verbessern und zu einer stärkeren Kundenbindung führen.

Intelligente Content-Erstellung: Künftig könnten KI-gestützte Tools auch bei der Erstellung von Inhalten helfen. Durch die Analyse von Daten und Trends könnten diese Tools Vorschläge für Themen und Formate machen, die bei der Zielgruppe gut ankommen. Dies würde die Content-Strategie weiter optimieren und die Relevanz der Nachrichten erhöhen.

Beziehungsmanagement: KI-gestützte Apps zur Pflege von Freundschaften und Netzwerken

Die Pflege von Freundschaften und Netzwerken ist in der heutigen schnelllebigen Welt eine Herausforderung. KI-gestützte Apps wie Cloze und Monica bieten innovative Lösungen, um den Kontakt zu Freunden und Kollegen zu verwalten und Beziehungen effektiv zu pflegen. Diese

Technologien nutzen fortschrittliche Algorithmen, um Daten zu analysieren, Erinnerungen zu setzen und personalisierte Empfehlungen zu geben, die den Nutzern helfen, ihre sozialen Verbindungen zu stärken und zu organisieren.

Funktionen von KI-gestützten Beziehungsmanagement-Apps
Datenanalyse und Kontaktverwaltung

Eine der Hauptfunktionen von Beziehungsmanagement-Apps ist die Analyse von Kommunikationsmustern und die Verwaltung von Kontakten. Diese Apps integrieren sich in E-Mail-Konten, soziale Netzwerke und Kalender, um umfassende Informationen über die Interaktionen der Nutzer zu sammeln. Sie analysieren diese Daten, um Muster zu erkennen und nützliche Einblicke zu bieten. Cloze ist ein Beispiel für eine solche App, die sich darauf spezialisiert hat, alle Interaktionen der Nutzer mit ihren Kontakten zu verfolgen. Cloze integriert sich in E-Mail-Dienste, Telefonanrufe, soziale Medien und Kalender, um ein vollständiges Bild der Beziehungen zu erstellen. Die App kategorisiert Kontakte automatisch und priorisiert sie basierend auf der Häufigkeit und Wichtigkeit der Interaktionen. Cloze erinnert die Nutzer daran, den Kontakt aufrechtzuerhalten und bietet kontextbezogene Informationen, um Gespräche aufzufrischen und relevanter zu gestalten. Monica ist eine weitere Beziehungsmanagement-App, die darauf abzielt, die Verwaltung persönlicher Beziehungen zu erleichtern. Monica bietet Funktionen wie Kontaktverwaltung, Erinnerungen für wichtige Daten wie Geburtstage und Jahrestage sowie die Möglichkeit, Notizen und Interaktionsprotokolle zu speichern. Diese App hilft den Nutzern, den

Überblick über ihre sozialen Verbindungen zu behalten und sicherzustellen, dass keine wichtigen Ereignisse oder Meilensteine vergessen werden.

Erinnerungen und Benachrichtigungen

Ein weiteres zentrales Merkmal von KI-gestützten Beziehungsmanagement-Apps sind Erinnerungen und Benachrichtigungen. Diese Funktionen stellen sicher, dass Nutzer rechtzeitig an wichtige Ereignisse erinnert werden und regelmäßig mit ihren Kontakten in Verbindung bleiben. Die Apps analysieren Kommunikationsmuster, um festzustellen, wann es Zeit ist, sich wieder zu melden, und senden entsprechende Benachrichtigungen. Cloze bietet beispielsweise intelligente Erinnerungen, die Nutzer daran erinnern, sich bei ihren wichtigsten Kontakten zu melden. Die App analysiert vergangene Interaktionen und schlägt vor, wann und wie der nächste Kontakt stattfinden sollte, basierend auf der Wichtigkeit der Beziehung und der Dauer seit dem letzten Austausch. Diese Erinnerungen helfen Nutzern, ihre sozialen Bindungen zu stärken und sicherzustellen, dass wichtige Beziehungen nicht vernachlässigt werden. Monica verwendet ebenfalls Erinnerungen, um Nutzer an bevorstehende wichtige Ereignisse und Meilensteine zu erinnern. Diese Erinnerungen können personalisiert und angepasst werden, um den individuellen Bedürfnissen und Präferenzen der Nutzer gerecht zu werden. Die App stellt sicher, dass keine wichtigen Ereignisse vergessen werden und hilft Nutzern, ihre Beziehungen aktiv zu pflegen.

Personalisierte Empfehlungen

KI-gestützte Beziehungsmanagement-Apps bieten auch personalisierte Empfehlungen, die auf den Interaktionsmustern und Präferenzen der Nutzer basieren. Diese Empfehlungen können Vorschläge für Aktivitäten, Gesprächsanfänge oder Ideen zur Stärkung der Beziehungen beinhalten. Cloze nutzt maschinelles Lernen, um personalisierte Empfehlungen zu geben, die auf den bisherigen Interaktionen und den Interessen der Kontakte basieren. Die App kann beispielsweise vorschlagen, gemeinsame Interessen anzusprechen, Erinnerungen an vergangene Gespräche zu nutzen oder relevante Informationen zu teilen, die für den Kontakt von Interesse sein könnten. Diese Empfehlungen helfen Nutzern, ihre Interaktionen relevanter und bedeutungsvoller zu gestalten. Monica bietet ebenfalls personalisierte Empfehlungen, die auf den spezifischen Bedürfnissen und Vorlieben der Nutzer basieren. Die App analysiert die gespeicherten Daten und bietet Vorschläge für Aktivitäten oder Gesprächsthemen, die die Beziehungen stärken können. Diese personalisierten Empfehlungen helfen Nutzern, ihre sozialen Bindungen zu vertiefen und ihre Beziehungen effektiver zu pflegen.

Vorteile von KI-gestützten Beziehungsmanagement-Apps
Effizienz und Zeitersparnis
Ein wesentlicher Vorteil von KI-gestützten Beziehungsmanagement-Apps ist die Effizienz und Zeitersparnis, die sie bieten. Durch die Automatisierung der Kontaktverwaltung und die Bereitstellung intelligenter Erinnerungen und Empfehlungen können Nutzer ihre sozialen Beziehungen effektiver und

effizienter pflegen. Diese Apps helfen, den manuellen Aufwand zu reduzieren und sicherzustellen, dass wichtige Kontakte regelmäßig gepflegt werden.

Verbesserte Beziehungsqualität

Die Nutzung von KI-gestützten Beziehungsmanagement-Apps kann die Qualität der sozialen Beziehungen erheblich verbessern. Durch personalisierte Empfehlungen und kontextbezogene Informationen können Nutzer relevantere und bedeutungsvollere Interaktionen führen. Dies trägt zur Stärkung der sozialen Bindungen und zur Verbesserung der Beziehungsqualität bei.

Organisation und Überblick

Beziehungsmanagement-Apps bieten Nutzern die Möglichkeit, ihre sozialen Verbindungen besser zu organisieren und den Überblick über wichtige Ereignisse und Meilensteine zu behalten. Durch die Integration von Kontakten, Kalendern und sozialen Netzwerken bieten diese Apps eine zentrale Plattform zur Verwaltung aller sozialen Interaktionen. Dies hilft Nutzern, ihre Beziehungen effektiv zu organisieren und sicherzustellen, dass keine wichtigen Ereignisse vergessen werden.

Herausforderungen und ethische Überlegungen

Datenschutz und Sicherheit

Eine der größten Herausforderungen bei der Nutzung von KI-gestützten Beziehungsmanagement-Apps ist der Datenschutz. Diese Apps sammeln und analysieren große Mengen an persönlichen Daten, was Bedenken hinsichtlich der Privatsphäre aufwerfen kann. Es ist wichtig, dass die Anbieter strenge Datenschutzrichtlinien einhalten und die Daten der Nutzer sicher speichern. Nutzer sollten sich bewusst sein, welche Daten gesammelt werden und wie diese verwendet werden.

Genauigkeit und Zuverlässigkeit
Die Genauigkeit und Zuverlässigkeit der von KI-gestützten Beziehungsmanagement-Apps generierten Empfehlungen und Erinnerungen ist ein weiterer kritischer Faktor. Ungenaue oder unpassende Vorschläge können die Qualität der Beziehungen beeinträchtigen. Es ist wichtig, dass die Algorithmen regelmäßig überprüft und verbessert werden, um sicherzustellen, dass die Empfehlungen präzise und relevant sind.

Abhängigkeit von Technologie
Die Abhängigkeit von Technologie bei der Pflege von sozialen Beziehungen wirft auch Fragen zur menschlichen Autonomie und Entscheidungsfindung auf. Es ist wichtig, dass Nutzer die Kontrolle über ihre Daten und die Art und Weise, wie sie verwendet werden, behalten. Unternehmen sollten transparente Informationen darüber bereitstellen, wie ihre Algorithmen funktionieren und welche Auswirkungen sie auf die Nutzer haben können.

Zukünftige Entwicklungen

Die Zukunft der KI-gestützten Beziehungsmanagement-Apps verspricht weitere Verbesserungen und Innovationen. Mit den Fortschritten in der KI und der Datenanalyse werden diese Tools noch präziser und leistungsfähiger werden. Zukünftige Entwicklungen könnten erweiterte Funktionen bieten, wie z.B. die Integration von zusätzlichen Datenquellen und die Nutzung von Blockchain-Technologie zur Verbesserung der Transparenz und Sicherheit.

Emotionale Intelligenz

Ein weiterer potenzieller Fortschritt ist die Entwicklung von KI-Systemen, die emotionale Intelligenz nutzen. Diese Systeme könnten in der Lage sein, die Stimmung und Emotionen der Kontakte zu erkennen und entsprechend zu reagieren. Dies würde die Qualität der Interaktionen verbessern und zu einer stärkeren sozialen Bindung führen.

Intelligente Beziehungspflege

Künftig könnten KI-gestützte Tools auch bei der Pflege von Beziehungen helfen, indem sie Vorschläge für gemeinsame Aktivitäten und Erlebnisse machen, die auf den gemeinsamen Interessen und Vorlieben der Kontakte basieren. Dies würde die sozialen Bindungen weiter stärken und die Beziehungen bedeutungsvoller machen.

Fazit

Das Kapitel "KI in der sozialen Interaktion" hat die vielfältigen Anwendungen und tiefgreifenden Auswirkungen der Künstlichen Intelligenz auf unsere Kommunikations- und Beziehungsgewohnheiten aufgezeigt. KI-basierte Technologien bieten innovative Lösungen, die die Art und Weise, wie wir miteinander interagieren und Beziehungen pflegen, revolutionieren.

Zusammenfassung der Kernthemen

Personalisierte Inhalte und Empfehlungen: Soziale Medienplattformen wie Facebook und Instagram nutzen KI, um personalisierte Inhalte und Empfehlungen zu liefern. Durch die Analyse von Nutzerverhalten und Vorlieben können diese Plattformen maßgeschneiderte Feeds erstellen, die die Benutzererfahrung verbessern und das Engagement erhöhen. Tools wie Buffer und Hootsuite ermöglichen die Automatisierung von Social-Media-Aktivitäten. Diese Plattformen helfen dabei, Beiträge zu planen und zu veröffentlichen sowie Interaktionen effizient zu verwalten. Dies führt zu einer konsistenten und effektiven Präsenz in sozialen Medien, was sowohl die Reichweite als auch die Nutzerbindung verbessert. KI-gestützte Tools wie Grammarly und Crystal bieten personalisierte Antworten und optimieren das E-Mail-Management. Diese Assistenten verbessern die Qualität der schriftlichen Kommunikation und helfen den Nutzern, ihre Nachrichten präzise und effektiv zu formulieren. Sie bieten auch intelligente E-Mail-Verwaltungsfunktionen, die Zeit sparen und die Effizienz erhöhen. Anwendungen wie Cloze und Monica nutzen KI, um persönliche und berufliche Beziehungen zu pflegen. Diese Tools analysieren Kommunikationsmuster, setzen Erinnerungen und bieten personalisierte Empfehlungen, um soziale Verbindungen zu stärken. Sie helfen den Nutzern, wichtige Ereignisse und Interaktionen nicht zu vergessen, und tragen zur Pflege bedeutungsvoller Beziehungen bei.

Gesamteinschätzung

KI hat das Potenzial, die soziale Interaktion auf tiefgreifende Weise zu transformieren. Sie bietet Lösungen, die Effizienz, Personalisierung und Qualität in unsere täglichen Kommunikations- und Beziehungsprozesse einbringen. Trotz der Herausforderungen, insbesondere im Bereich des Datenschutzes und der Datensicherheit, überwiegen die Vorteile, die KI bietet. Mit kontinuierlicher technologischer Weiterentwicklung und einem verantwortungsvollen Umgang mit ethischen Fragen wird KI weiterhin eine zentrale Rolle in der sozialen Interaktion spielen und unser Leben bereichern.

Kapitel 11: KI in der Unterhaltung

Die Künstliche Intelligenz (KI) hat die Unterhaltungsbranche revolutioniert und verändert die Art und Weise, wie wir Filme schauen, Musik hören, Spiele spielen und sogar Kunst erleben. Von personalisierten Empfehlungen über kreative Prozesse bis hin zu interaktiven Erlebnissen – KI bietet vielfältige Möglichkeiten, die Unterhaltung zu bereichern und zu individualisieren.

Personalisierte Empfehlungen

Ein bedeutender Einsatzbereich von KI in der Unterhaltung ist die Bereitstellung personalisierter Empfehlungen. Streaming-Dienste wie Netflix und Spotify verwenden komplexe Algorithmen, um Inhalte vorzuschlagen, die den individuellen Vorlieben der Nutzer entsprechen. Diese Algorithmen analysieren das Verhalten der Nutzer, wie z.B. geschaute Filme, gehörte Songs und Bewertungen, um maßgeschneiderte Vorschläge zu generieren. Netflix nutzt maschinelles Lernen, um jedem Nutzer ein einzigartiges Seherlebnis zu bieten. Der Empfehlungsalgorithmus analysiert eine Vielzahl von Datenpunkten, darunter die Sehhistorie, Bewertungen und die Interaktionen mit verschiedenen Inhalten. Auf diese Weise kann Netflix nicht nur voraussagen, welche Serien oder Filme einem Nutzer gefallen könnten, sondern auch zu welchem Zeitpunkt sie am wahrscheinlichsten geschaut werden. Diese Personalisierung steigert das Nutzerengagement und die Zufriedenheit. Spotify setzt ähnliche Techniken ein, um personalisierte Playlists wie "Discover Weekly" zu erstellen. Der Algorithmus berücksichtigt das Hörverhalten des Nutzers sowie die Vorlieben anderer Nutzer mit ähnlichem Musikgeschmack. Diese personalisierten Empfehlungen helfen den Nutzern, neue Musik zu entdecken, die ihren Geschmack trifft, und verbessern das gesamte Hörerlebnis.

Kreative Prozesse und Produktion

KI hat auch Einzug in die kreativen Prozesse der Unterhaltungsindustrie gehalten, von der Musikproduktion bis zur Filmgestaltung. Tools, die auf maschinellem Lernen basieren, unterstützen Künstler und Produzenten bei der Erstellung von Inhalten, indem sie innovative Ideen und Effizienzsteigerungen bieten. Amper Music ist eine KI-Plattform, die es Nutzern ermöglicht, individuelle Musikstücke zu komponieren. Die Nutzer können Parameter wie Stil, Tempo und Stimmung festlegen, und Amper erstellt daraufhin einzigartige Kompositionen. Diese Technologie eröffnet Musikern und Content-Erstellern neue Möglichkeiten, schnell und effizient hochwertige Musik zu produzieren. Adobe Sensei integriert KI in verschiedene Kreativ-Tools, die von Grafikdesignern und Filmemachern verwendet werden. Sensei kann Aufgaben wie das Retuschieren von Fotos, das Erstellen von Animationen und das Bearbeiten von Videos automatisieren. Durch die Analyse großer Datenmengen kann Adobe Sensei Muster und Trends erkennen, die den Kreativprozess unterstützen und verbessern.

Interaktive Erlebnisse und Gaming

Im Bereich Gaming und interaktiver Erlebnisse spielt KI eine entscheidende Rolle bei der Entwicklung immersiver und realistischer Welten. KI-gesteuerte Charaktere und Gegner sorgen für dynamische und herausfordernde

Spielerfahrungen, während Algorithmen das Gameplay und die Storylines anpassen, um den Spielern ein maßgeschneidertes Erlebnis zu bieten. AI Dungeon ist ein textbasiertes Abenteuer-Spiel, das von KI gesteuert wird. Die Plattform nutzt das maschinelle Lernen, um Geschichten in Echtzeit zu generieren, basierend auf den Eingaben der Spieler. Dies ermöglicht unendliche Möglichkeiten und einzigartige Abenteuer, die sich kontinuierlich an die Entscheidungen der Spieler anpassen. Ubisoft verwendet KI, um realistische Nicht-Spieler-Charaktere (NPCs) zu erstellen, die auf die Handlungen der Spieler reagieren. Dies trägt zur Immersion bei und macht die Spielwelten lebendiger und dynamischer. Algorithmen helfen auch dabei, komplexe Spielwelten zu gestalten und Inhalte effizient zu erstellen, was die Entwicklungskosten und -zeiten reduziert.

Kunst und kreative Anwendungen
KI findet auch in der bildenden Kunst Anwendung, indem sie Künstler bei der Schaffung neuer Werke unterstützt oder selbst Kunstwerke generiert. Diese Technologie eröffnet neue Perspektiven und Herausforderungen in der Kunstwelt. DeepArt und DALL-E sind Beispiele für KI, die Kunstwerke generieren können. DeepArt nutzt neuronale Netzwerke, um Fotos in Gemälde im Stil berühmter Künstler zu verwandeln. DALL-E, ein Modell von OpenAI, kann basierend auf textuellen Beschreibungen Bilder erzeugen, was eine neue Form der kreativen Ausdrucksweise ermöglicht. AIVA (Artificial Intelligence Virtual Artist) ist eine KI, die klassische Musik komponiert. AIVA wurde darauf trainiert, die Stile berühmter Komponisten zu verstehen und neue Stücke zu erstellen, die in traditionellen und modernen

Kontexten verwendet werden können. Diese Technologie zeigt das Potenzial von KI, nicht nur als Werkzeug, sondern auch als kreativer Partner in der Kunstwelt zu fungieren.

Personalisierte Medienempfehlungen: Nutzung von KI zur Empfehlung von Filmen, Serien und Musik

Die Nutzung von Künstlicher Intelligenz (KI) zur Empfehlung von Filmen, Serien und Musik hat das Medienkonsumverhalten revolutioniert. Plattformen wie Netflix und Spotify setzen auf fortschrittliche Algorithmen und maschinelles Lernen, um den Nutzern Inhalte vorzuschlagen, die ihren individuellen Vorlieben und Interessen entsprechen. Diese personalisierten Empfehlungen verbessern das Nutzererlebnis erheblich, indem sie die Relevanz und Qualität der vorgeschlagenen Inhalte erhöhen.

Funktionsweise personalisierter Empfehlungen
Personalisierte Empfehlungssysteme nutzen eine Vielzahl von Daten und Algorithmen, um maßgeschneiderte Vorschläge zu generieren. Diese Systeme analysieren das Verhalten der Nutzer, darunter ihre Sehhistorie, Suchanfragen, Bewertungen und Interaktionen mit Inhalten. Auf Basis dieser Daten werden Modelle erstellt, die Vorhersagen darüber treffen, welche Inhalte den Nutzern gefallen könnten. Netflix ist ein Paradebeispiel für die Nutzung von KI zur Generierung personalisierter Empfehlungen. Netflix verwendet einen hybriden Ansatz, der sowohl kollaborative Filterung als auch inhaltsbasierte Filterung umfasst. Die kollaborative Filterung analysiert das

Verhalten ähnlicher Nutzer, um Empfehlungen zu erstellen, während die inhaltsbasierte Filterung die Eigenschaften der Inhalte selbst berücksichtigt. Netflix nutzt zudem tiefe neuronale Netze und maschinelles Lernen, um die Vorhersagen kontinuierlich zu verbessern und anzupassen. Spotify verwendet ebenfalls fortschrittliche Algorithmen zur Personalisierung von Musikeinheiten. Das "Discover Weekly"-Feature von Spotify ist ein gutes Beispiel dafür, wie effektiv diese Algorithmen arbeiten. Jede Woche erstellt Spotify für jeden Nutzer eine Playlist mit neuen Songs, die auf den individuellen Hörgewohnheiten basieren. Der Algorithmus berücksichtigt sowohl das Verhalten des einzelnen Nutzers als auch die Vorlieben von Nutzern mit ähnlichem Geschmack. Diese Daten werden kombiniert, um eine einzigartige und relevante Musikauswahl zu erstellen.

Datenquellen und Analysen

Die Grundlage für personalisierte Empfehlungen sind umfangreiche Datenanalysen. Diese Analysen umfassen verschiedene Arten von Datenquellen, darunter:

1. **Nutzerverhalten:** Sehhistorie, Hörgewohnheiten, Klickmuster und Suchanfragen.
2. **Metadaten der Inhalte:** Genre, Regisseur, Schauspieler, Musikstil, Komponist, etc.
3. **Nutzerinteraktionen:** Likes, Dislikes, Bewertungen und Kommentare.
4. **Soziale Interaktionen:** Empfehlungen von Freunden, geteilte Inhalte und soziale Netzwerkverbindungen.

Netflix analysiert beispielsweise, welche Serien und Filme ein Nutzer ansieht, wie lange er sie ansieht, welche Inhalte er abbricht und welche er wiederholt ansieht. Diese Verhaltensdaten werden dann mit den Daten anderer Nutzer verglichen, um Muster und Präferenzen zu erkennen. Auf diese Weise kann Netflix sehr genaue Vorhersagen darüber treffen, welche Inhalte ein Nutzer als nächstes interessant finden könnte.

Spotify verwendet ähnliche Methoden, analysiert jedoch auch die Audioeigenschaften von Songs, wie Tempo, Taktart und Instrumentierung, um Musikstücke zu klassifizieren und zu empfehlen. Die Plattform nutzt Techniken der Signalverarbeitung und maschinelles Lernen, um die Ähnlichkeit zwischen verschiedenen Musikstücken zu bewerten und passende Vorschläge zu machen.

Herausforderungen und ethische Überlegungen

Trotz der vielen Vorteile personalisierter Empfehlungen gibt es auch Herausforderungen und ethische Bedenken, die berücksichtigt werden müssen.

Datenschutz und Sicherheit: Die Sammlung und Analyse großer Mengen personenbezogener Daten wirft Datenschutzfragen auf. Unternehmen müssen sicherstellen, dass die Daten sicher gespeichert und verwendet werden, um die Privatsphäre der Nutzer zu schützen. Transparenz und Einwilligung sind hierbei von entscheidender Bedeutung.

Filterblasen und Echokammern: Personalisierte Empfehlungen können dazu führen, dass Nutzer nur noch Inhalte sehen oder hören, die ihren bestehenden Vorlieben und Meinungen entsprechen. Dies kann die Bildung von Filterblasen und Echokammern fördern, die die Vielfalt der Medieninhalte einschränken und die Nutzer in ihrer eigenen Informations- und Unterhaltungssphäre isolieren.

Algorithmische Verzerrungen: Algorithmen können unbewusste Verzerrungen (Bias) übernehmen und verstärken. Dies kann dazu führen, dass bestimmte Inhalte bevorzugt und andere benachteiligt werden, was die Vielfalt der angebotenen Inhalte beeinflussen kann. Es ist wichtig, dass die Algorithmen regelmäßig überprüft und angepasst werden, um faire und ausgewogene Empfehlungen zu gewährleisten.

Zukünftige Entwicklungen

Die Zukunft der personalisierten Medienempfehlungen verspricht weitere Verbesserungen und Innovationen. Mit den Fortschritten in der KI und der Datenanalyse werden die Algorithmen immer präziser und leistungsfähiger. Zukünftige Entwicklungen könnten erweiterte Funktionen bieten, wie z.B. die Integration von zusätzlichen Datenquellen, um noch genauere und relevantere Empfehlungen zu generieren. In der Zukunft könnten Empfehlungssysteme interaktiver werden und in Echtzeit auf die Nutzerinteraktionen reagieren. Dies würde bedeuten, dass die Empfehlungen dynamisch angepasst werden, basierend auf dem aktuellen Verhalten und den Vorlieben der Nutzer. Eine weitere interessante Entwicklung könnte die

Integration von Empfehlungen über verschiedene Plattformen hinweg sein. Nutzer könnten beispielsweise basierend auf ihrem Sehverhalten auf Netflix Musikempfehlungen auf Spotify erhalten und umgekehrt. Dies würde ein nahtloses und umfassenderes Unterhaltungserlebnis bieten. Künftige Systeme könnten auch den Kontext besser verstehen und berücksichtigen, in dem die Nutzer Inhalte konsumieren. Dies könnte beinhalten, welche Tageszeit es ist, welche Geräte verwendet werden oder sogar die Stimmung der Nutzer. Solche kontextsensitiven Empfehlungen könnten die Relevanz und Zufriedenheit weiter steigern.

Beispiele aus der Praxis

Netflix hat bereits damit begonnen, kontextsensitivere Empfehlungen zu entwickeln. Der Dienst berücksichtigt nun auch den Wochentag und die Tageszeit, um passende Inhalte vorzuschlagen. Beispielsweise könnten am Wochenende eher lange Filme und Serien empfohlen werden, während unter der Woche kürzere Formate bevorzugt werden. Spotify arbeitet an der Verbesserung der Kontextsensitivität durch die Einführung von Features wie "Spotify Wrapped", das eine Jahresrückschau auf die Hörgewohnheiten der Nutzer bietet. Diese personalisierten Rückblicke fördern das Engagement und bieten einen interessanten Einblick in die eigenen Vorlieben und Trends.

Gaming: KI-gesteuerte Gegner und adaptive Spielewelten

Die Integration von Künstlicher Intelligenz (KI) in die Spieleindustrie hat tiefgreifende Veränderungen in der Art und Weise gebracht, wie Spiele entwickelt und gespielt werden. KI-gesteuerte Gegner und adaptive Spielewelten bieten den Spielern ein dynamischeres und immersiveres Spielerlebnis. Diese Technologien ermöglichen es den Entwicklern, komplexe und herausfordernde Spielumgebungen zu schaffen, die sich an das Verhalten und die Fähigkeiten der Spieler anpassen.

KI-gesteuerte Gegner

KI-gesteuerte Gegner, auch als Non-Player Characters (NPCs) bekannt, sind zentrale Elemente in vielen modernen Videospielen. Diese NPCs können von einfachen Verhaltensmustern bis hin zu komplexen, menschenähnlichen Interaktionen reichen. Die KI in diesen Gegnern ermöglicht es ihnen, auf die Aktionen der Spieler zu reagieren und eine realistischere und herausforderndere Spielumgebung zu schaffen.

Feindliche KI in Shooter-Spielen: In First-Person-Shootern (FPS) wie "Call of Duty" und "Battlefield" nutzen die Entwickler fortschrittliche KI, um Gegner zu erstellen, die auf verschiedene Taktiken und Strategien der Spieler reagieren. Diese KI-gesteuerten Gegner können sich verstecken, flankieren, Deckung suchen und koordiniert angreifen, um den Spielern eine realistische militärische Herausforderung zu bieten.

Verhaltensbäume und Entscheidungsfindung: Viele Spiele nutzen Verhaltensbäume, um die Aktionen von NPCs zu steuern. Ein Verhaltensbaum ist eine hierarchische Struktur, die verschiedene Entscheidungen und Aktionen eines NPCs darstellt. Diese Struktur ermöglicht es den NPCs, auf unterschiedliche Situationen flexibel zu reagieren. Zum Beispiel könnte ein NPC in einem Rollenspiel wie "The Elder Scrolls V: Skyrim" zwischen verschiedenen Aktionen wie Angriff, Verteidigung oder Flucht wählen, basierend auf den aktuellen Umständen und den Aktionen des Spielers.

Maschinelles Lernen und adaptive Gegner: Einige Spiele implementieren maschinelles Lernen, um NPCs zu erstellen, die sich an das Verhalten der Spieler anpassen. Ein bekanntes Beispiel ist das Spiel "Middle-earth: Shadow of Mordor", das das sogenannte "Nemesis-System" verwendet. In diesem Spiel lernen die Gegner aus ihren Begegnungen mit dem Spieler. Wenn ein Spieler einen Gegner besiegt, kann dieser Gegner zurückkehren, sich an die Taktiken des Spielers erinnern und entsprechend reagieren. Dieses System schafft einzigartige und personalisierte Spielerfahrungen, die jede Spielesitzung anders machen.

Adaptive Spielewelten

Adaptive Spielewelten passen sich dynamisch an das Verhalten und die Entscheidungen der Spieler an. Diese Welten können sich auf verschiedene

Weise verändern, um ein immer wieder neues und spannendes Spielerlebnis zu bieten.

Dynamische Schwierigkeitsanpassung: Ein häufig genutztes Feature in adaptiven Spielewelten ist die dynamische Schwierigkeitsanpassung. Diese Technik passt den Schwierigkeitsgrad des Spiels in Echtzeit an die Fähigkeiten des Spielers an. Spiele wie "Resident Evil 4" verwenden dynamische Schwierigkeitsanpassung, um sicherzustellen, dass das Spiel herausfordernd, aber nicht frustrierend ist. Wenn ein Spieler gut spielt, wird das Spiel schwieriger, und wenn der Spieler Schwierigkeiten hat, wird es einfacher.

Prozedurale Generierung: Ein weiterer wichtiger Aspekt adaptiver Spielewelten ist die prozedurale Generierung. Diese Technik verwendet Algorithmen, um Inhalte wie Levels, Karten und Quests dynamisch zu erstellen. Spiele wie "Minecraft" und "No Man's Sky" nutzen prozedurale Generierung, um riesige und vielfältige Welten zu schaffen, die jedes Mal anders sind, wenn ein Spieler sie erkundet. Diese Technik ermöglicht es Entwicklern, umfangreiche und abwechslungsreiche Spielwelten zu erstellen, ohne jeden einzelnen Aspekt manuell zu gestalten.

Narrative Anpassung: Adaptive Spielewelten können auch narrative Anpassungen beinhalten, bei denen die Geschichte des Spiels auf den Entscheidungen und Aktionen des Spielers basiert. Spiele wie "The Witcher 3: Wild Hunt" und "Mass Effect" bieten verzweigte Handlungsstränge, bei denen die Entscheidungen der Spieler direkte Auswirkungen auf den Verlauf der Geschichte und das Schicksal der Charaktere haben. Diese Anpassungen bieten ein tiefgreifendes und personalisiertes Spielerlebnis, das die Spieler in die Geschichte eintauchen lässt und ihnen das Gefühl gibt, dass ihre Entscheidungen wirklich wichtig sind.

Technologische Grundlagen

Die Technologien, die hinter KI-gesteuerten Gegnern und adaptiven Spielewelten stehen, sind komplex und vielfältig. Sie umfassen maschinelles Lernen, neuronale Netze, genetische Algorithmen und Natural Language Processing (NLP).

Maschinelles Lernen und neuronale Netze: Diese Technologien ermöglichen es Spielen, aus den Daten und dem Verhalten der Spieler zu lernen. Neuronale Netze, eine Form des maschinellen Lernens, können Muster in großen Datenmengen erkennen und darauf basierend Vorhersagen treffen oder Entscheidungen treffen. In Spielen können diese Netze verwendet werden, um das Verhalten von NPCs zu steuern oder um die Spielwelt dynamisch anzupassen.

Genetische Algorithmen: Diese Algorithmen sind inspiriert von der natürlichen Evolution und werden verwendet, um optimale Lösungen für komplexe Probleme zu finden. In Spielen können genetische Algorithmen verwendet werden, um NPCs zu erstellen, die sich an die Strategien der Spieler anpassen und kontinuierlich verbessern. Dies führt zu immer herausfordernderen Gegnern, die den Spielern ein einzigartiges und dynamisches Erlebnis bieten.

Natural Language Processing (NLP): NLP-Technologien ermöglichen es Spielen, natürliche Sprache zu verstehen und zu generieren. Dies ist besonders nützlich für Dialogsysteme und narrative Anpassungen. Spiele wie "Star Wars: Knights of the Old Republic" nutzen NLP, um dynamische und interaktive Dialoge zu erstellen, die sich basierend auf den Entscheidungen der Spieler verändern.

Vorteile und Herausforderungen

1. **Vorteile:** Die Integration von KI in Spiele bietet zahlreiche Vorteile, darunter:
2. **Realismus:** KI-gesteuerte Gegner und adaptive Spielewelten schaffen realistischere und immersivere Spielerlebnisse.
3. **Wiederholbarkeit:** Adaptive Spielewelten und prozedural generierte Inhalte sorgen dafür, dass jedes Spiel einzigartig ist, was die Wiederspielbarkeit erhöht.
4. **Personalisierung:** Spiele können sich an die Vorlieben und Fähigkeiten der Spieler anpassen, was zu maßgeschneiderten und relevanten Spielerfahrungen führt.
5. **Herausforderungen:** Trotz der vielen Vorteile gibt es auch Herausforderungen bei der Implementierung von KI in Spielen:

6. **Komplexität:** Die Entwicklung und Implementierung von KI-Technologien in Spielen erfordert umfangreiches technisches Wissen und Ressourcen.
7. **Leistung:** KI-Prozesse können ressourcenintensiv sein und die Leistung des Spiels beeinträchtigen, insbesondere auf weniger leistungsstarken Geräten.
8. **Balancing:** Es kann schwierig sein, die richtige Balance zwischen Herausforderung und Spielbarkeit zu finden, um sicherzustellen, dass das Spiel sowohl herausfordernd als auch unterhaltsam bleibt.

Virtuelle Assistenten: Nutzung von KI in smarten Lautsprechern für interaktive Unterhaltung

Die Integration von Künstlicher Intelligenz (KI) in smarte Lautsprecher hat die Art und Weise revolutioniert, wie wir interaktive Unterhaltung erleben. Virtuelle Assistenten wie Amazon Echo und Google Nest nutzen fortschrittliche KI-Technologien, um Benutzern eine Vielzahl von Funktionen zu bieten, die weit über einfache Sprachbefehle hinausgehen. Diese Assistenten sind in der Lage, Musik abzuspielen, Spiele zu spielen, Geschichten zu erzählen und vieles mehr, was zu einem nahtlosen und unterhaltsamen Erlebnis führt.

Entwicklung und Funktionen von virtuellen Assistenten

Virtuelle Assistenten in smarten Lautsprechern sind darauf ausgelegt, eine natürliche und intuitive Benutzerinteraktion zu ermöglichen. Sie nutzen

Technologien wie Spracherkennung, natürliche Sprachverarbeitung (NLP) und maschinelles Lernen, um die Anfragen der Benutzer zu verstehen und darauf zu reagieren. Der Amazon Echo, der von der KI Alexa betrieben wird, wurde erstmals im Jahr 2014 eingeführt. Alexa kann eine Vielzahl von Aufgaben erledigen, darunter das Abspielen von Musik, die Steuerung von Smart-Home-Geräten, das Beantworten von Fragen und das Erzählen von Geschichten. Alexa Skills, die von Drittanbietern entwickelt werden können, erweitern die Fähigkeiten des Assistenten kontinuierlich. Google Nest, früher bekannt als Google Home, nutzt den Google Assistant, der ähnliche Funktionen bietet. Google Assistant kann Musik abspielen, Antworten auf Fragen liefern, Smart-Home-Geräte steuern und interaktive Spiele spielen. Durch die Integration mit Google-Diensten wie Google Search und Google Maps bietet der Google Assistant umfassende und kontextbezogene Informationen.

Interaktive Unterhaltung mit virtuellen Assistenten
Die interaktive Unterhaltung ist eine der spannendsten Anwendungen von KI in smarten Lautsprechern. Virtuelle Assistenten bieten eine Vielzahl von Unterhaltungsoptionen, die von Musik und Hörbüchern bis hin zu Spielen und interaktiven Geschichten reichen.

Musik und Hörbücher: Eine der beliebtesten Funktionen von smarten Lautsprechern ist die Musikwiedergabe. Benutzer können einfach per Sprachbefehl Musik abspielen, Playlists erstellen und Radiosender hören. Dienste wie Spotify, Apple Music und Amazon Music sind oft integriert, sodass Benutzer auf ihre Lieblingsmusik zugreifen können. Darüber hinaus können Benutzer Hörbücher über Dienste wie Audible anhören, was eine praktische Möglichkeit bietet, Geschichten zu genießen, während sie andere Tätigkeiten ausführen.

Spiele und Quizze: Virtuelle Assistenten bieten auch eine breite Palette von interaktiven Spielen und Quizzen. Alexa und Google Assistant haben zahlreiche Spiele in ihrem Repertoire, die von Wissens- und Wortspielen bis hin zu Abenteuer- und Rätselspielen reichen. Diese Spiele können allein oder mit Freunden und Familie gespielt werden, was für unterhaltsame und lehrreiche Momente sorgt.

Interaktive Geschichten: Virtuelle Assistenten können auch interaktive Geschichten erzählen, bei denen die Zuhörer Entscheidungen treffen, die den Verlauf der Geschichte beeinflussen. Diese Art von Unterhaltung kombiniert Elemente von Hörbüchern und interaktiven Spielen, um ein immersives Erlebnis zu schaffen. Amazon Echo bietet beispielsweise "Alexa Skills" wie "Choose Your Own Adventure", wo Benutzer die Handlung durch ihre Entscheidungen lenken können.

Personalisierte Inhalte: Virtuelle Assistenten nutzen die gesammelten Daten und das Nutzerverhalten, um personalisierte Unterhaltungserlebnisse zu bieten. Sie können Playlists basierend auf den Vorlieben des Benutzers erstellen, neue Musik empfehlen oder personalisierte Nachrichten und

Wetterberichte liefern. Diese Personalisierung verbessert das Nutzererlebnis und sorgt dafür, dass die Inhalte relevant und ansprechend sind.

Technologische Grundlagen

Die technologischen Grundlagen der virtuellen Assistenten umfassen mehrere fortschrittliche KI-Technologien:

Spracherkennung: Virtuelle Assistenten nutzen Spracherkennungstechnologien, um die Sprache des Benutzers in Text umzuwandeln. Dies ermöglicht es den Assistenten, die gesprochenen Befehle zu verstehen und darauf zu reagieren. Unternehmen wie Amazon und Google verwenden neuronale Netzwerke und maschinelles Lernen, um die Genauigkeit der Spracherkennung kontinuierlich zu verbessern.

Natürliche Sprachverarbeitung (NLP): NLP-Technologien ermöglichen es virtuellen Assistenten, die Bedeutung der gesprochenen Sprache zu verstehen. Sie analysieren den Kontext und die Absicht hinter den Befehlen und ermöglichen es den Assistenten, angemessene Antworten zu geben. Dies umfasst die Fähigkeit, verschiedene Sprachen und Dialekte zu verstehen und natürliche Konversationen zu führen.

Maschinelles Lernen: Maschinelles Lernen ist entscheidend für die kontinuierliche Verbesserung der virtuellen Assistenten. Diese Systeme lernen aus den Interaktionen mit den Benutzern und passen ihre Antworten und Vorschläge basierend auf diesen Daten an. Durch maschinelles Lernen können virtuelle Assistenten auch neue Fähigkeiten erlernen und sich an die sich ändernden Bedürfnisse der Benutzer anpassen.

Kontextualisierung: Moderne virtuelle Assistenten nutzen Kontextinformationen, um relevantere und genauere Antworten zu geben. Dies kann Standortdaten, frühere Interaktionen und aktuelle Aktivitäten umfassen. Durch die Kontextualisierung können Assistenten umfassendere und hilfreichere Antworten liefern.

Vorteile und Herausforderungen

Vorteile:

Komfort und Bequemlichkeit: Virtuelle Assistenten bieten eine bequeme Möglichkeit, auf Informationen und Unterhaltung zuzugreifen, ohne dass physische Interaktionen erforderlich sind. Dies ist besonders nützlich in Situationen, in denen die Hände frei bleiben müssen, z.B. beim Kochen oder Fahren.

Vielfältige Unterhaltungsmöglichkeiten: Durch die Integration verschiedener Dienste und Inhalteplattformen bieten virtuelle Assistenten eine breite Palette von Unterhaltungsmöglichkeiten, die auf die individuellen Vorlieben der Benutzer zugeschnitten sind.

Personalisierung: Virtuelle Assistenten können Inhalte und Empfehlungen basierend auf den Vorlieben und Verhaltensweisen der Benutzer personalisieren. Dies führt zu einem ansprechenderen und relevanteren Nutzererlebnis.

Herausforderungen:

Datenschutz und Sicherheit: Die Nutzung von virtuellen Assistenten erfordert den Zugriff auf persönliche Daten, was Bedenken hinsichtlich des Datenschutzes und der Datensicherheit aufwirft. Es ist wichtig, dass Unternehmen transparente Datenschutzrichtlinien haben und die Daten der Benutzer sicher speichern.

Verständnis und Genauigkeit: Trotz der Fortschritte in der Spracherkennung und NLP gibt es immer noch Herausforderungen bei der genauen Interpretation und Reaktion auf Befehle, insbesondere bei komplexen oder mehrdeutigen Anfragen.

Abhängigkeit von Technologie: Die zunehmende Abhängigkeit von virtuellen Assistenten kann zu Problemen führen, wenn die Technologie versagt oder nicht zugänglich ist. Es ist wichtig, dass Benutzer auch alternative Methoden zur Informationsbeschaffung und Unterhaltung haben.

Zukunftsaussichten

Die Zukunft der virtuellen Assistenten verspricht spannende Entwicklungen und Innovationen:

Erweiterte Interaktivität: Zukünftige virtuelle Assistenten könnten noch interaktiver und kontextbewusster werden, mit verbesserten Fähigkeiten zur Führung natürlicher und dynamischer Konversationen.

Integration mit Augmented Reality (AR) und Virtual Reality (VR): Die Integration von AR und VR könnte neue Möglichkeiten für immersive Unterhaltungserlebnisse schaffen, bei denen virtuelle Assistenten eine zentrale Rolle spielen.

Verbesserte Personalisierung und Empfehlungen: Durch fortschrittlichere Algorithmen und größere Datenmengen könnten virtuelle Assistenten noch präzisere und relevantere Empfehlungen geben, die auf den individuellen Vorlieben und Verhaltensweisen der Benutzer basieren.

Kapitel 12: KI im Haushalt

Die Integration von Künstlicher Intelligenz (KI) in Haushaltsgeräte und -systeme hat die Art und Weise, wie wir unser Zuhause organisieren und verwalten, revolutioniert. Durch den Einsatz von intelligenten Technologien können alltägliche Aufgaben effizienter, sicherer und bequemer gestaltet werden. Von smarten Thermostaten und Beleuchtungssystemen bis hin zu Robotern, die den Boden reinigen, bietet KI zahlreiche Lösungen, die das Leben zu Hause einfacher und komfortabler machen.

Intelligente Thermostate und Energieeffizienz

Einer der bemerkenswertesten Fortschritte im Bereich der Haushalts-KI ist die Entwicklung intelligenter Thermostate. Geräte wie der Nest Learning Thermostat nutzen maschinelles Lernen, um die Heiz- und Kühlgewohnheiten der Bewohner zu analysieren und zu optimieren. Durch die Anpassung der Temperatur basierend auf den täglichen Routinen und der Präferenz der Bewohner können diese Thermostate den Energieverbrauch erheblich reduzieren und somit auch die Energiekosten senken. Intelligente Thermostate sind oft mit Bewegungssensoren ausgestattet, die erkennen, wenn niemand zu Hause ist, und die Heizung oder Kühlung entsprechend anpassen, um Energie zu sparen. Darüber hinaus können sie über mobile Apps ferngesteuert werden, was den Nutzern ermöglicht, die Temperatur auch unterwegs zu regulieren.

Smarte Beleuchtungssysteme

Ein weiterer Bereich, in dem KI den Haushalt transformiert, ist die Beleuchtung. Intelligente Beleuchtungssysteme wie Philips Hue und LIFX ermöglichen es den Nutzern, die Beleuchtung in ihrem Zuhause per Sprachbefehl oder über eine mobile App zu steuern. Diese Systeme können Szenarien erstellen, die das Licht an die jeweilige Tageszeit, die Stimmung oder spezifische Aktivitäten anpassen. Smarte Beleuchtungssysteme nutzen Sensoren und KI, um das natürliche Licht zu überwachen und die künstliche Beleuchtung entsprechend anzupassen. Dies kann nicht nur den Komfort erhöhen, sondern auch den Energieverbrauch reduzieren, indem die Lichter automatisch ausgeschaltet werden, wenn niemand im Raum ist, oder gedimmt werden, wenn ausreichend natürliches Licht vorhanden ist.

Haushaltsroboter

Haushaltsroboter sind ein weiteres Beispiel dafür, wie KI das Leben zu Hause verbessern kann. Roboter wie der iRobot Roomba nutzen fortschrittliche Sensoren und Algorithmen, um Böden zu reinigen. Diese Roboter können die Umgebung scannen, Hindernisse erkennen und optimale Reinigungsrouten berechnen. Einige Modelle verfügen über Funktionen wie selbstständiges Laden und Entleeren des Staubbehälters, was die Notwendigkeit manueller Eingriffe weiter reduziert. Neben Staubsaugerrobotern gibt es auch Fensterreinigungsroboter, Mähroboter und sogar Roboter, die beim Kochen helfen können. Diese Geräte nehmen den Bewohnern mühsame und zeitaufwändige Aufgaben ab und sorgen dafür, dass das Zuhause sauber und ordentlich bleibt.

Sicherheits- und Überwachungssysteme

KI spielt auch eine wichtige Rolle in der Haussicherheit. Intelligente Sicherheitskameras wie Nest Cam und Ring nutzen KI, um Bewegungen zu erkennen und zwischen harmlosen Aktivitäten und potenziellen Bedrohungen zu unterscheiden. Diese Kameras können Benachrichtigungen in Echtzeit senden, wenn verdächtige Aktivitäten erkannt werden, und die Aufnahmen in der Cloud speichern, damit die Bewohner jederzeit und überall darauf zugreifen können. Einige fortschrittliche Sicherheitssysteme integrieren auch Gesichtserkennungstechnologie, um Familienmitglieder von Eindringlingen zu unterscheiden. Diese Systeme können personalisierte Benachrichtigungen senden und sogar automatische Maßnahmen ergreifen, wie das Einschalten von Lichtern oder das Aktivieren eines Alarms.

Intelligente Küchen

Die Küche ist ein weiterer Bereich, der von KI-Technologien profitiert. Intelligente Kühlschränke wie der Samsung Family Hub sind in der Lage, den Inhalt des Kühlschranks zu überwachen, Einkaufslisten zu erstellen und Rezepte vorzuschlagen, basierend auf den vorhandenen Zutaten. Diese Kühlschränke können auch Benachrichtigungen senden, wenn Lebensmittel bald ablaufen, und sogar automatisch Nachbestellungen tätigen. KI-gesteuerte Kochgeräte wie der June Oven nutzen Sensoren und maschinelles Lernen, um die Kochzeiten und -temperaturen für verschiedene Gerichte automatisch anzupassen. Diese Geräte können Rezeptdatenbanken durchsuchen und dem Nutzer Schritt-für-Schritt-Anweisungen geben, um perfekte Ergebnisse zu erzielen.

Vorteile und Herausforderungen

Vorteile:

Komfort und Bequemlichkeit: KI-gesteuerte Geräte und Systeme machen das Leben zu Hause komfortabler, indem sie alltägliche Aufgaben automatisieren und den Nutzern mehr Zeit für andere Aktivitäten lassen.

Energieeffizienz: Intelligente Thermostate und Beleuchtungssysteme tragen zur Reduzierung des Energieverbrauchs bei, was sowohl die Kosten senkt als auch die Umwelt schont.

Sicherheit: KI-basierte Sicherheits- und Überwachungssysteme bieten besseren Schutz und ermöglichen es den Bewohnern, ihr Zuhause auch aus der Ferne zu überwachen.

Herausforderungen:

Datenschutz und Sicherheit: Die Nutzung von KI im Haushalt erfordert den Zugriff auf persönliche Daten, was Bedenken hinsichtlich des Datenschutzes und der Datensicherheit aufwirft. Es ist wichtig, dass die Hersteller strenge Datenschutzrichtlinien einhalten und die Daten der Nutzer sicher speichern.

Kosten: Die Anschaffung und Wartung intelligenter Geräte kann teuer sein. Dies kann eine Barriere für einige Haushalte darstellen, die nicht bereit oder in der Lage sind, in diese Technologien zu investieren.

Technische Probleme: Wie bei jeder Technologie können auch KI-gesteuerte Geräte technische Probleme haben, die die Funktionalität beeinträchtigen. Es ist wichtig, dass die Geräte regelmäßig aktualisiert und gewartet werden, um eine reibungslose Funktion zu gewährleisten.

Zukunftsaussichten

Die Zukunft der KI im Haushalt verspricht weitere Verbesserungen und Innovationen. Mit den Fortschritten in der KI und der Robotik werden die Geräte immer intelligenter und autonomer. Dies könnte zu noch mehr Automatisierung und Komfort führen. Zukünftige KI-Systeme werden besser integriert und vernetzt sein, sodass alle Geräte im Haushalt nahtlos zusammenarbeiten. Dies wird eine noch umfassendere Steuerung und Automatisierung ermöglichen. KI-gesteuerte Geräte werden kontinuierlich neue Fähigkeiten erlernen und sich an die sich ändernden Bedürfnisse und Vorlieben der Nutzer anpassen. Dies wird die Nutzung und den Nutzen dieser Geräte weiter steigern.

Hausautomation: Steuerung von Haushaltsgeräten durch KI

Die Hausautomation, unterstützt durch Künstliche Intelligenz (KI), hat das Potenzial, Haushalte effizienter, komfortabler und intelligenter zu machen. Durch die Integration von KI in Haushaltsgeräte wie intelligente Kühlschränke und Waschmaschinen können diese Geräte eigenständig Entscheidungen treffen, die den Alltag der Bewohner erheblich erleichtern. Dieser Bereich der Technologieentwicklung verspricht nicht nur eine Verbesserung der Lebensqualität, sondern auch erhebliche

Energieeinsparungen und eine umweltfreundlichere Nutzung von Ressourcen.

Intelligente Kühlschränke

Intelligente Kühlschränke sind ein hervorragendes Beispiel für die Anwendung von KI in der Hausautomation. Diese Geräte sind mit einer Vielzahl von Sensoren und Kameras ausgestattet, die in Echtzeit Daten über den Inhalt des Kühlschranks sammeln. Durch die Analyse dieser Daten kann der Kühlschrank verschiedene Aufgaben autonom ausführen, wie das Nachbestellen von Lebensmitteln, das Vorschlagen von Rezepten und das Verwalten von Verfallsdaten. Einer der bekanntesten intelligenten Kühlschränke ist der Samsung Family Hub. Dieses Gerät nutzt KI, um den Inhalt des Kühlschranks zu überwachen und dem Nutzer detaillierte Informationen zu liefern. Die integrierte Kamera macht jedes Mal ein Foto, wenn die Tür geschlossen wird, und zeigt dieses Bild auf einem Display an, sodass der Nutzer jederzeit sehen kann, was im Kühlschrank ist, ohne die Tür öffnen zu müssen. Darüber hinaus kann der Family Hub auch Lebensmittelvorschläge basierend auf den vorhandenen Zutaten machen und sogar Einkaufslisten erstellen, die mit dem Smartphone synchronisiert werden können. Ein weiteres Beispiel ist der LG InstaView ThinQ Kühlschrank, der eine ähnliche Technologie verwendet. Dieses Gerät kann ebenfalls den Inhalt überwachen und bietet darüber hinaus eine Integration mit Sprachassistenten wie Google Assistant und Amazon Alexa. Der Nutzer kann somit per Sprachbefehl nach Rezepten fragen, die auf den vorhandenen Lebensmitteln basieren, oder eine Einkaufsliste erstellen.

Intelligente Waschmaschinen

Intelligente Waschmaschinen sind ein weiteres Beispiel dafür, wie KI in Haushaltsgeräte integriert wird, um den Alltag zu erleichtern. Diese Geräte können nicht nur die Waschzyklen optimieren, sondern auch automatisch die richtige Menge an Waschmittel dosieren und Vorschläge für die Pflege von Textilien geben. Die Bosch Serie 8 Waschmaschinen nutzen KI, um die Wäschepflege zu optimieren. Sie sind mit der Home Connect App verbunden, die es den Nutzern ermöglicht, den Waschvorgang aus der Ferne zu steuern und zu überwachen. Die integrierte KI analysiert die Art der Wäsche, das Gewicht und die Verschmutzungsgrade und passt den Waschzyklus entsprechend an. Dies führt zu einer effizienteren Nutzung von Wasser und Energie und gewährleistet gleichzeitig eine gründliche Reinigung. Eine weitere fortschrittliche Waschmaschine ist die LG AI DD, die künstliche Intelligenz nutzt, um den Waschvorgang zu optimieren. Diese Maschine erkennt automatisch die Stoffart und das Gewicht der Wäsche und wählt den besten Waschzyklus, um die Textilien schonend zu reinigen. Die AI DD-Technologie passt die Bewegungen der Trommel an die Art der Wäsche an, um eine maximale Reinigungseffizienz bei minimalem Verschleiß zu gewährleisten.

Vorteile der Hausautomation durch KI

Die Automatisierung von Haushaltsgeräten durch KI bietet zahlreiche Vorteile:

1. **Komfort und Bequemlichkeit:** KI-gesteuerte Geräte machen den Alltag einfacher und bequemer, indem sie Routineaufgaben automatisieren. Nutzer können ihre Geräte aus der Ferne steuern, was besonders nützlich ist, wenn sie unterwegs sind oder mehrere Aufgaben gleichzeitig erledigen müssen.
2. **Energieeffizienz:** Intelligente Haushaltsgeräte tragen zur Reduzierung des Energieverbrauchs bei, indem sie den Betrieb optimieren. Zum Beispiel passen intelligente Waschmaschinen den Wasser- und Energieverbrauch basierend auf der Menge und Art der Wäsche an, was zu erheblichen Einsparungen führen kann.
3. **Zeitersparnis:** Durch die Automatisierung von Aufgaben sparen Nutzer Zeit, die sie für andere Tätigkeiten nutzen können. Intelligente Kühlschränke können Lebensmittelbestellungen automatisch aufgeben, und Waschmaschinen können den optimalen Waschzyklus wählen, ohne dass der Nutzer eingreifen muss.
4. **Verbesserte Organisation:** Intelligente Geräte helfen den Nutzern, ihren Haushalt besser zu organisieren. Kühlschränke können Verfallsdaten überwachen und Benachrichtigungen senden, wenn Lebensmittel bald ablaufen, was Lebensmittelverschwendung reduziert.

5. **Personalisierung:** KI-gesteuerte Geräte können sich an die Vorlieben und Gewohnheiten der Nutzer anpassen. Dies führt zu einer personalisierten Nutzungserfahrung, die auf die spezifischen Bedürfnisse und Anforderungen der einzelnen Haushalte zugeschnitten ist.

Herausforderungen und ethische Überlegungen

Trotz der zahlreichen Vorteile gibt es auch Herausforderungen und ethische Überlegungen, die bei der Nutzung von KI in der Hausautomation berücksichtigt werden müssen:

Datenschutz und Sicherheit: Intelligente Haushaltsgeräte sammeln und analysieren große Mengen an Daten, was Bedenken hinsichtlich des Datenschutzes und der Datensicherheit aufwirft. Es ist wichtig, dass Hersteller strenge Datenschutzrichtlinien einhalten und Maßnahmen zum Schutz der Nutzerdaten ergreifen.

Kosten: Die Anschaffung und Wartung intelligenter Haushaltsgeräte kann teuer sein. Dies kann eine Barriere für Haushalte darstellen, die nicht bereit oder in der Lage sind, in diese Technologien zu investieren.

Komplexität und Benutzerfreundlichkeit: Die Bedienung von KI-gesteuerten Geräten kann für einige Nutzer kompliziert sein, insbesondere für ältere Menschen oder Personen, die mit moderner Technologie nicht vertraut sind. Es ist wichtig, dass die Benutzeroberflächen intuitiv und benutzerfreundlich gestaltet sind.

Abhängigkeit von Technologie: Die zunehmende Abhängigkeit von Technologie kann zu Problemen führen, wenn die Geräte ausfallen oder nicht zugänglich sind. Nutzer sollten alternative Methoden zur Durchführung von Haushaltsaufgaben haben.

Zukunftsaussichten

Die Zukunft der Hausautomation durch KI verspricht aufregende Entwicklungen und Innovationen:

1. **Erweiterte Vernetzung und Integration:** In Zukunft könnten alle Haushaltsgeräte nahtlos miteinander vernetzt und integriert sein, was eine umfassende Steuerung und Automatisierung des gesamten Haushalts ermöglicht.
2. **Verbesserte KI-Algorithmen:** Mit den Fortschritten in der KI-Forschung werden die Algorithmen immer präziser und leistungsfähiger. Dies könnte zu noch intelligenteren Geräten führen, die besser auf die Bedürfnisse der Nutzer eingehen.
3. **Nachhaltigkeit und Umweltschutz:** Zukünftige Entwicklungen könnten sich stärker auf Nachhaltigkeit und Umweltschutz konzentrieren. Intelligente Geräte könnten noch effizienter werden und dazu beitragen, den Ressourcenverbrauch weiter zu reduzieren.
4. **Erweiterte Funktionen und Anwendungen:** Neue Funktionen und Anwendungen könnten entwickelt werden, die über die derzeitigen

Möglichkeiten hinausgehen. Dies könnte die Einführung von Haushaltsrobotern umfassen, die komplexe Aufgaben wie das Kochen oder die Pflege des Gartens übernehmen.

Sicherheitsüberwachung: Intelligente Überwachungssysteme für den Schutz des Hauses

Die fortschreitende Entwicklung von Künstlicher Intelligenz (KI) und vernetzter Technologie hat zu einer neuen Generation intelligenter Überwachungssysteme geführt, die den Schutz des Hauses revolutionieren. Diese Systeme, wie Ring und Nest Secure, bieten eine Vielzahl von Funktionen, die über die herkömmliche Überwachung hinausgehen, um die Sicherheit und den Komfort der Bewohner zu erhöhen.

Überblick über intelligente Überwachungssysteme

Intelligente Überwachungssysteme kombinieren Videoüberwachung, Bewegungserkennung, Alarme und Benachrichtigungen in einem integrierten System, das leicht über Smartphones und andere vernetzte Geräte gesteuert werden kann. Sie sind darauf ausgelegt, potenzielle Bedrohungen frühzeitig zu erkennen und den Hausbesitzern sofortige Benachrichtigungen zu senden, um schnelle Maßnahmen zu ermöglichen. Ring und Nest Secure sind zwei der führenden Anbieter auf diesem Markt, die durch ihre innovativen Technologien und benutzerfreundlichen Schnittstellen überzeugen. Ring ist bekannt für seine Video-Türklingeln und Überwachungskameras, die durch einfache Installation und Integration in Smart-Home-Systeme überzeugen. Das Unternehmen bietet eine Reihe von Produkten, darunter:

1. **Video-Türklingeln:** Die Ring Video Doorbells ermöglichen es Hausbesitzern, Besucher zu sehen, zu hören und mit ihnen zu sprechen, egal wo sie sich befinden. Diese Türklingeln sind mit HD-Kameras, Bewegungsdetektoren und Nachtsicht ausgestattet. Sie senden Benachrichtigungen an das Smartphone des Nutzers, wenn jemand an der Tür klingelt oder sich in der Nähe bewegt.
2. **Überwachungskameras:** Ring bietet verschiedene Kameramodelle für den Innen- und Außenbereich an. Diese Kameras verfügen über HD-Videoqualität, Zwei-Wege-Audio, Bewegungszonen und Live-Streaming. Sie sind wetterfest und können an strategischen Punkten rund um das Haus installiert werden, um eine umfassende Überwachung zu gewährleisten.
3. **Ring Alarm:** Das Ring Alarm-Sicherheitssystem umfasst Tür- und Fenstersensoren, Bewegungsmelder und eine Basisstation. Es lässt sich leicht installieren und kann über die Ring-App gesteuert werden. Bei verdächtigen Aktivitäten sendet das System sofortige Alarme an den Nutzer und kann mit Notrufdiensten verbunden werden.

Nest Secure: Intelligente Sicherheitslösungen

Nest Secure, ein Produkt von Google, bietet ein integriertes Sicherheitssystem, das auf Benutzerfreundlichkeit und fortschrittliche Technologie setzt. Zu den Hauptkomponenten gehören:

1. **Nest Guard:** Das Herzstück des Systems, Nest Guard, kombiniert eine Alarmzentrale, eine Tastatur und einen Bewegungssensor. Es bietet eine benutzerfreundliche Schnittstelle, über die das System aktiviert und deaktiviert werden kann. Nest Guard sendet bei verdächtigen Aktivitäten Benachrichtigungen an das Smartphone des Nutzers.
2. **Nest Detect:** Diese vielseitigen Sensoren können an Türen, Fenstern oder Wänden angebracht werden. Sie erkennen sowohl Bewegungen als auch das Öffnen und Schließen von Türen und Fenstern. Bei unerwarteten Aktivitäten senden sie sofortige Benachrichtigungen an den Nutzer.
3. **Nest Cam:** Nest bietet auch Innen- und Außenkameras mit HD-Video, Nachtsicht und Zwei-Wege-Audio. Die Kameras sind mit intelligenten Algorithmen ausgestattet, die zwischen Personen und anderen Bewegungen unterscheiden können, um Fehlalarme zu minimieren.

Technologische Grundlagen und Funktionen

Die technologischen Fortschritte, die intelligente Überwachungssysteme ermöglichen, umfassen mehrere Schlüsseltechnologien:

Künstliche Intelligenz und maschinelles Lernen: Diese Technologien ermöglichen es Überwachungssystemen, Bewegungen und Geräusche zu analysieren und zu interpretieren. Sie lernen, zwischen normalen und verdächtigen Aktivitäten zu unterscheiden, wodurch die Genauigkeit und

Zuverlässigkeit der Systeme verbessert wird. Beispielsweise können Nest-Kameras Personen erkennen und unterscheiden, während Ring-Kameras zwischen verschiedenen Arten von Bewegungen unterscheiden können.

Cloud-Speicherung und Fernzugriff: Die meisten intelligenten Überwachungssysteme speichern Videoaufnahmen und andere Daten in der Cloud, was einen sicheren und einfachen Zugriff ermöglicht. Benutzer können über Apps auf ihrem Smartphone oder Computer auf diese Daten zugreifen, Live-Streams ansehen und Aufnahmen überprüfen. Dies bietet zusätzlichen Schutz und ermöglicht eine schnelle Reaktion auf Vorfälle.

Integration mit Smart-Home-Systemen: Intelligente Überwachungssysteme können nahtlos in andere Smart-Home-Geräte integriert werden. Dies ermöglicht eine zentrale Steuerung und Automatisierung, wie das Einschalten von Lichtern bei Bewegungserkennung oder das Aktivieren eines Alarmsystems bei Abwesenheit.

Zwei-Wege-Audio und Benachrichtigungen: Viele moderne Überwachungssysteme verfügen über Zwei-Wege-Audio, das es den Nutzern ermöglicht, mit Personen vor der Kamera zu kommunizieren. Gleichzeitig senden die Systeme bei verdächtigen Aktivitäten sofortige Benachrichtigungen an das Smartphone des Nutzers, sodass dieser sofort reagieren kann.

Vorteile und Herausforderungen

Vorteile:

1. **Erhöhte Sicherheit:** Intelligente Überwachungssysteme bieten einen umfassenden Schutz für das Zuhause. Durch die Kombination von Videoüberwachung, Bewegungsdetektion und sofortigen Benachrichtigungen können Hausbesitzer schnell auf potenzielle Bedrohungen reagieren.
2. **Bequemlichkeit und Kontrolle:** Die Möglichkeit, das Überwachungssystem über ein Smartphone zu steuern, bietet großen Komfort. Nutzer können ihr Zuhause überwachen, egal wo sie sich befinden, und Maßnahmen ergreifen, wenn sie verdächtige Aktivitäten feststellen.
3. **Abschreckung von Einbrechern:** Die sichtbare Präsenz von Überwachungskameras kann potenzielle Einbrecher abschrecken. Viele Systeme verfügen auch über Alarmfunktionen, die bei einer Erkennung von Bewegungen oder unerwarteten Aktivitäten aktiviert werden.
4. **Aufklärung von Vorfällen:** Videoaufnahmen können entscheidende Beweise liefern, um Vorfälle wie Einbrüche oder Vandalismus aufzuklären. Die gespeicherten Aufnahmen können der Polizei oder Versicherungsgesellschaften zur Verfügung gestellt werden.

Herausforderungen:

Datenschutz und Sicherheit: Die Speicherung von Videoaufnahmen und anderen Daten in der Cloud wirft Bedenken hinsichtlich des Datenschutzes auf. Es ist wichtig, dass die Hersteller robuste Sicherheitsmaßnahmen implementieren, um die Daten vor unbefugtem Zugriff zu schützen.

Kosten: Die Anschaffung und Installation von intelligenten Überwachungssystemen kann teuer sein. Auch die monatlichen Kosten für Cloud-Speicherung und andere Dienste sollten berücksichtigt werden.

Falschalarme: Obwohl moderne Systeme darauf ausgelegt sind, Fehlalarme zu minimieren, können immer noch falsche Benachrichtigungen auftreten. Dies kann zu Unannehmlichkeiten führen und im schlimmsten Fall dazu, dass echte Bedrohungen übersehen werden.

Technische Abhängigkeit: Die Funktionalität der Systeme hängt von einer stabilen Internetverbindung und Stromversorgung ab. Bei Ausfällen kann die Sicherheit des Hauses beeinträchtigt werden.

Zukunftsaussichten

Die Zukunft intelligenter Überwachungssysteme verspricht weitere Verbesserungen und Innovationen. Mit den Fortschritten in der KI und der Datenanalyse werden die Systeme immer intelligenter und präziser. Zu den möglichen Entwicklungen gehören:

Erweiterte Erkennungsfähigkeiten: Zukünftige Systeme könnten in der Lage sein, noch präzisere Unterscheidungen zu treffen, wie etwa zwischen verschiedenen Arten von Bewegungen und Geräuschen. Dies würde die Anzahl der Fehlalarme weiter reduzieren.

Integration mit erweiterten Sicherheitsdiensten: Intelligente Überwachungssysteme könnten stärker in professionelle Sicherheitsdienste integriert werden, die bei einem Alarm automatisch benachrichtigt werden und sofortige Maßnahmen ergreifen.

Verbesserte Benutzerfreundlichkeit: Die Benutzeroberflächen und Bedienmöglichkeiten könnten weiter vereinfacht werden, um die Nutzung noch intuitiver und zugänglicher zu machen.

Nachhaltigkeit und Energieeffizienz: Zukünftige Systeme könnten energieeffizienter gestaltet werden, um den Stromverbrauch zu reduzieren und die Umweltbelastung zu minimieren.

Fazit

Die Integration von Künstlicher Intelligenz (KI) in den Haushalt hat die Art und Weise, wie wir unser Zuhause organisieren und verwalten, grundlegend verändert. Durch den Einsatz von intelligenten Technologien können alltägliche Aufgaben effizienter, sicherer und bequemer gestaltet werden. Von smarten Thermostaten und Beleuchtungssystemen bis hin zu intelligenten Kühlschränken, Waschmaschinen und Überwachungssystemen bietet KI zahlreiche Lösungen, die das Leben zu Hause einfacher und komfortabler machen. Insgesamt bietet die Integration von KI in den Haushalt erhebliche

Vorteile, die das Leben komfortabler, sicherer und effizienter machen. Intelligente Thermostate, Beleuchtungssysteme, Haushaltsroboter und Sicherheitskameras sind nur einige Beispiele dafür, wie KI unseren Alltag verbessert. Trotz der Herausforderungen im Bereich Datenschutz und Kosten bieten die kontinuierlichen Innovationen spannende Perspektiven für die Zukunft. Mit fortschreitender Technologie wird KI weiterhin eine zentrale Rolle dabei spielen, unser Zuhause intelligenter und angenehmer zu gestalten.

Kapitel 13: KI bei der Bildung zu Hause

Die Integration von Künstlicher Intelligenz (KI) in die Bildung zu Hause hat das Potenzial, das Lernen grundlegend zu verändern und zu verbessern. Mit der Verbreitung digitaler Technologien und dem zunehmenden Bedarf an flexiblem und personalisiertem Lernen haben KI-gestützte Bildungsanwendungen und -tools an Bedeutung gewonnen. Diese Technologien bieten eine Reihe von Vorteilen, darunter personalisierte Lernwege, sofortiges Feedback und interaktive Lernumgebungen, die den individuellen Bedürfnissen der Lernenden gerecht werden. Ein wesentlicher Vorteil der KI im Bereich der Bildung ist die Personalisierung des Lernens. KI-gestützte Plattformen wie Khan Academy und Coursera nutzen Algorithmen, um den Fortschritt und die Leistung der Schüler zu verfolgen und darauf basierend maßgeschneiderte Lernpläne zu erstellen. Diese Systeme analysieren die Stärken und Schwächen der Schüler und passen den Unterrichtsstoff entsprechend an. Dadurch wird sichergestellt, dass jeder Schüler in seinem eigenen Tempo lernt und die für ihn passenden Herausforderungen erhält. Dies fördert nicht nur das Verständnis und die Motivation der Schüler, sondern reduziert auch das Risiko, dass sie den Anschluss verlieren oder sich langweilen. Ein weiterer wichtiger Aspekt ist das sofortige Feedback, das durch KI-gestützte Lernanwendungen ermöglicht wird. Traditionell erhalten Schüler ihr Feedback erst nach der Korrektur ihrer Arbeiten durch Lehrer, was zeitaufwendig sein kann. KI-Systeme hingegen können sofortiges Feedback geben, indem sie die Antworten der Schüler in Echtzeit analysieren und korrigieren. Dies hilft den Schülern, ihre Fehler sofort zu erkennen und zu verstehen, was sie falsch gemacht haben, wodurch der Lernprozess effizienter wird. Anwendungen wie Duolingo, die sich auf das Sprachenlernen spezialisiert haben, nutzen diese Technologie, um den Lernfortschritt zu beschleunigen und die Motivation der Schüler durch sofortige Korrekturen und Belohnungen zu erhöhen. Darüber hinaus fördern KI-gestützte Lernplattformen interaktive und engagierende Lernumgebungen. Durch den Einsatz von virtueller Realität (VR) und erweiterter Realität (AR) können Lerninhalte lebendig und greifbar gemacht werden. Diese immersiven Technologien ermöglichen es den Schülern, komplexe Konzepte visuell zu erfassen und praktische Erfahrungen zu sammeln, die in einem traditionellen Klassenzimmer nicht möglich wären. Zum Beispiel können Schüler in einer virtuellen Umgebung historische Ereignisse nacherleben, wissenschaftliche Experimente durchführen oder mathematische Probleme in einem dreidimensionalen Raum lösen. Dies fördert ein tieferes Verständnis und eine stärkere emotionale Bindung an das Lernmaterial.

Neben diesen pädagogischen Vorteilen bietet die KI im Bereich der Bildung zu Hause auch logistische Vorteile. KI-gestützte Systeme können administrative Aufgaben wie die Planung von Lernzeiten, die Organisation von Lernmaterialien und die Überwachung des Lernfortschritts übernehmen. Dies entlastet Eltern und Lehrer und ermöglicht ihnen, sich mehr auf die individuelle Unterstützung der Schüler zu konzentrieren. Zudem können Eltern durch den Einsatz von KI-Tools besser in den Lernprozess ihrer Kinder eingebunden werden, indem sie Zugang zu detaillierten Berichten und Analysen über den Fortschritt und die Leistung ihrer Kinder erhalten.

Trotz der zahlreichen Vorteile gibt es auch Herausforderungen und Bedenken im Zusammenhang mit dem Einsatz von KI in der Bildung zu Hause. Ein zentrales Thema ist wieder der Datenschutz. Da KI-Systeme große Mengen an persönlichen Daten sammeln und analysieren, ist es wichtig, dass diese Daten sicher gespeichert und geschützt werden. Eltern und Bildungseinrichtungen müssen sicherstellen, dass die verwendeten Plattformen strenge Datenschutzrichtlinien einhalten und dass die Daten der Schüler nicht missbraucht werden. Darüber hinaus gibt es Bedenken hinsichtlich der Abhängigkeit von Technologie. Obwohl KI-gestützte Lernanwendungen viele Vorteile bieten, ist es wichtig, dass Schüler auch traditionelle Lernmethoden und zwischenmenschliche Interaktionen erleben, um eine ausgewogene Bildung zu erhalten. Ein weiteres Anliegen ist die Zugänglichkeit und Chancengleichheit. Nicht alle Familien haben Zugang zu den erforderlichen Technologien und Internetverbindungen, um KI-gestützte Bildungsressourcen optimal zu nutzen. Dies könnte die digitale Kluft vergrößern und bestehende Ungleichheiten im Bildungssystem verschärfen. Es ist daher entscheidend, dass Maßnahmen ergriffen werden, um den Zugang zu Technologie und Bildung für alle Schüler zu gewährleisten, unabhängig von ihrem sozioökonomischen Hintergrund.

KI-gestützte Lern-Apps für personalisiertes Lernen und Nachhilfe

Die Integration von Künstlicher Intelligenz (KI) in Lern-Apps hat die Art und Weise revolutioniert, wie Schüler personalisiertes Lernen und Nachhilfe erhalten. KI-gestützte Apps wie Duolingo und Khan Academy bieten maßgeschneiderte Lernwege, die sich an die individuellen Bedürfnisse und Fortschritte der Nutzer anpassen. Diese Technologie ermöglicht es, den Lernprozess effizienter und interaktiver zu gestalten, was zu besseren Lernergebnissen und einer höheren Motivation führt.

Duolingo: Sprachen lernen mit KI

Duolingo ist eine der bekanntesten KI-gestützten Lern-Apps, die sich auf das Sprachenlernen spezialisiert hat. Die App nutzt maschinelles Lernen, um den Lernfortschritt der Nutzer zu verfolgen und den Schwierigkeitsgrad der Übungen entsprechend anzupassen. Duolingo bietet eine Vielzahl von Übungen, die auf Hörverständnis, Leseverständnis, Schreiben und Sprechen abzielen. Die KI-Algorithmen analysieren die Leistung der Nutzer und identifizieren Bereiche, in denen sie Schwierigkeiten haben. Basierend auf diesen Daten passt Duolingo die Übungen an, um sicherzustellen, dass die Nutzer die nötige Praxis und Wiederholung erhalten, um ihre Schwächen zu überwinden. Ein weiteres bemerkenswertes Feature von Duolingo ist das Gamification-Element. Die App integriert Spielelemente wie Punktesysteme, Ranglisten und Belohnungen, um die Nutzer zu motivieren und das Lernen unterhaltsamer zu gestalten. Diese Gamification-Strategien nutzen die

Erkenntnisse der Verhaltenspsychologie, um das Engagement und die Langzeitmotivation der Nutzer zu fördern. Duolingo hat auch die Funktion „Duolingo Stories" eingeführt, bei der die Nutzer interaktive Geschichten lesen und Fragen dazu beantworten müssen. Diese Geschichten sind so konzipiert, dass sie den Sprachlernprozess unterstützen und gleichzeitig unterhaltsam sind.

Khan Academy: Individuelle Lernpfade in verschiedenen Fächern
Khan Academy ist eine weitere KI-gestützte Lernplattform, die eine breite Palette von Themen abdeckt, darunter Mathematik, Naturwissenschaften, Geschichte und Wirtschaft. Die Plattform bietet interaktive Übungen, Videos und Artikel, die den Lernprozess unterstützen. Khan Academy nutzt KI, um personalisierte Lernwege für die Nutzer zu erstellen. Die Algorithmen der Plattform analysieren die Antworten und den Fortschritt der Schüler, um maßgeschneiderte Empfehlungen zu geben, welche Übungen und Videos sie als nächstes bearbeiten sollten. Diese personalisierten Lernwege helfen den Schülern, ihre individuellen Wissenslücken zu schließen und in ihrem eigenen Tempo zu lernen. Ein bedeutender Vorteil von Khan Academy ist die Möglichkeit, sofortiges Feedback zu erhalten. Wenn Schüler eine Übung abschließen, erhalten sie sofortige Rückmeldungen zu ihren Antworten. Dies ermöglicht es ihnen, ihre Fehler sofort zu erkennen und zu verstehen, was sie falsch gemacht haben. Diese sofortige Rückmeldung ist besonders wertvoll, da sie den Lernprozess beschleunigt und die Schüler dazu ermutigt, weiterzumachen und ihre Fähigkeiten zu verbessern.

Photomath: Matheprobleme lösen leicht gemacht

Photomath ist eine KI-gestützte App, die Schülern hilft, mathematische Probleme zu lösen. Die Nutzer können ein Foto eines mathematischen Problems machen, und die App zeigt die Lösungsschritte an. Die KI-Algorithmen von Photomath analysieren das Problem und bieten eine Schritt-für-Schritt-Lösung, die den Schülern hilft, das Konzept besser zu verstehen und ähnliche Probleme eigenständig zu lösen. Diese App ist besonders nützlich für Schüler, die Schwierigkeiten mit Mathematik haben, da sie detaillierte Erklärungen und Anleitungen bietet.

DreamBox: Adaptives Lernen für Grundschüler

DreamBox ist eine weitere App, die sich auf das Lernen von Mathematik im Grundschulbereich spezialisiert hat. DreamBox verwendet adaptive Lerntechnologie, um den Fortschritt der Schüler zu verfolgen und den Schwierigkeitsgrad der Aufgaben anzupassen. Die App bietet interaktive und visuell ansprechende Mathematikspiele und -übungen, die den Schülern helfen, mathematische Konzepte auf eine spielerische und verständliche Weise zu erlernen. DreamBox passt sich kontinuierlich an das Lernniveau der Schüler an und bietet ihnen genau die richtige Herausforderung, um ihr Lernen zu fördern, ohne sie zu überfordern.

Smartick: Tägliche Matheübungen für Kinder

Smartick ist eine App, die sich ebenfalls auf Mathematik konzentriert und für Kinder zwischen 4 und 14 Jahren konzipiert ist. Smartick bietet täglich 15-minütige Lerneinheiten, die auf die individuellen Bedürfnisse und

Fortschritte der Schüler zugeschnitten sind. Die App verwendet KI, um den Fortschritt der Schüler zu überwachen und die Übungen entsprechend anzupassen. Dies sorgt dafür, dass die Schüler kontinuierlich gefordert werden und ihre mathematischen Fähigkeiten effektiv entwickeln können.

ScribeSense: Unterstützung bei schriftlichen Arbeiten
ScribeSense hilft Schülern und Lehrern bei der Korrektur und Bewertung von schriftlichen Arbeiten. ScribeSense verwendet maschinelles Lernen, um Handschriften zu erkennen und die Antworten der Schüler automatisch zu bewerten. Dies spart Lehrern viel Zeit und ermöglicht eine schnellere und präzisere Rückmeldung an die Schüler. Diese Technologie kann besonders nützlich sein, um große Mengen an Schülerarbeiten effizient zu bewerten und detailliertes Feedback zu geben.

Elsa Speak: Verbesserung der Aussprache
Elsa Speak konzentriert sich auf die Verbesserung der Aussprache im Englischen. Elsa Speak verwendet Spracherkennungstechnologie und maschinelles Lernen, um die Aussprache der Nutzer zu analysieren und personalisiertes Feedback zu geben. Die App bietet Übungen, die auf die spezifischen Schwierigkeiten der Nutzer abgestimmt sind, und hilft ihnen, ihre Aussprache und Sprachflüssigkeit zu verbessern. Diese personalisierten Übungen fördern das Selbstbewusstsein der Nutzer und unterstützen sie dabei, eine korrekte und flüssige Aussprache zu entwickeln.

Socratic: Hausaufgabenhilfe mit KI

Socratic ist eine weitere innovative App, die Schülern bei den Hausaufgaben hilft. Socratic nutzt KI, um Fragen zu verschiedenen Fächern zu beantworten. Die Nutzer können ein Foto ihrer Frage machen oder die Frage manuell eingeben, und die App liefert sofortige Antworten und Erklärungen. Socratic bietet auch zusätzliche Ressourcen wie Videos und Artikel, die den Schülern helfen, das Thema besser zu verstehen. Diese App ist besonders nützlich für Schüler, die Unterstützung bei ihren Hausaufgaben benötigen und schnelle, zuverlässige Antworten suchen.

Vorteile von KI-gestützten Lern-Apps

Die Vorteile von KI-gestützten Lern-Apps sind zahlreich. Sie bieten personalisiertes Lernen, das auf die individuellen Bedürfnisse und Fortschritte der Schüler abgestimmt ist, und ermöglichen es ihnen, in ihrem eigenen Tempo zu lernen. Die sofortige Rückmeldung und die interaktiven Lernumgebungen fördern das Engagement und die Motivation der Schüler. Darüber hinaus bieten diese Apps Flexibilität, da sie jederzeit und überall zugänglich sind und somit das Lernen außerhalb des traditionellen Klassenzimmers ermöglichen. Diese Technologien tragen dazu bei, dass Schüler ihre Fähigkeiten und ihr Wissen effektiver entwickeln und gleichzeitig Freude am Lernen haben.

KI in der Kinderbetreuung: Interaktive Lernspiele und Geschichten

Die Integration von Künstlicher Intelligenz (KI) in die Kinderbetreuung hat eine Vielzahl innovativer Anwendungen hervorgebracht, die sowohl die Lernprozesse als auch die Freizeitgestaltung von Kindern revolutionieren. Interaktive Lernspiele und Geschichten, die durch KI unterstützt werden, bieten personalisierte, ansprechende und lehrreiche Erlebnisse, die auf die individuellen Bedürfnisse und Interessen der Kinder zugeschnitten sind. Bekannte Beispiele für solche Technologien sind Osmo und Amazon FreeTime.

Osmo: Lernen durch Spiel und Interaktion

Osmo ist ein interaktives Lernsystem, das physische Spielmaterialien mit digitalen Spielen kombiniert und dabei KI nutzt, um ein einzigartiges Lernerlebnis zu schaffen. Das System besteht aus einem speziellen Spiegelaufsatz für das iPad, der die Kamera des Geräts verwendet, um physische Objekte zu erkennen und mit der digitalen Welt zu verknüpfen.

Spielerische Bildung: Osmo bietet eine Vielzahl von Spielen, die auf verschiedene Bildungsbereiche abzielen, darunter Mathematik, Rechtschreibung, Zeichnen und Problemlösung. Kinder interagieren mit physischen Teilen wie Buchstaben, Zahlen und Formen, die auf dem Tisch vor ihnen liegen, während die Osmo-App diese Objekte erkennt und darauf reagiert. Diese Kombination aus physischem Spiel und digitalem Feedback fördert das aktive Lernen und verbessert das Verständnis und die Kreativität der Kinder.

Personalisierung durch KI: Die KI-Algorithmen von Osmo passen sich den Fähigkeiten und dem Lernfortschritt der Kinder an. Die Spiele bieten unterschiedliche Schwierigkeitsgrade und Herausforderungen, die auf den individuellen Fortschritt der Kinder abgestimmt sind. Dies sorgt dafür, dass die Kinder stets gefordert werden, ohne überfordert zu sein, und fördert kontinuierliches Lernen und Entwicklung.

Amazon FreeTime: Sichere und lehrreiche Inhalte
Amazon FreeTime, auch bekannt als Amazon Kids+, ist ein umfassender Dienst, der Eltern hilft, den Medienkonsum ihrer Kinder zu überwachen und zu kontrollieren. Der Dienst bietet eine große Auswahl an kinderfreundlichen Inhalten, darunter Bücher, Spiele, Videos und Apps, die sowohl unterhaltsam als auch lehrreich sind.

Interaktive Geschichten und Lernspiele: Amazon FreeTime nutzt KI, um personalisierte Empfehlungen für Inhalte zu geben, die auf den Interessen und dem Verhalten der Kinder basieren. Die Plattform bietet interaktive Geschichten, die Kinder in spannende Abenteuer und lehrreiche Szenarien eintauchen lassen. Diese Geschichten fördern das Lesen und das Verständnis, indem sie die Kinder aktiv in die Handlung einbeziehen und ihnen die Möglichkeit geben, Entscheidungen zu treffen, die den Verlauf der Geschichte beeinflussen.

Elterliche Kontrolle und Sicherheit: Amazon FreeTime ermöglicht es Eltern, detaillierte Einstellungen für die Nutzung der Inhalte durch ihre Kinder vorzunehmen. Dazu gehören Zeitlimits, Filter für altersgerechte Inhalte und Berichte über die Aktivitäten der Kinder. Diese Funktionen sorgen dafür, dass die Kinder sicher und geschützt bleiben, während sie die digitalen Inhalte erkunden und lernen.

Vorteile von KI-gestützten Lernspielen und Geschichten

Personalisierung: KI ermöglicht es den Lernspielen und Geschichten, sich an die individuellen Bedürfnisse und Fähigkeiten der Kinder anzupassen. Dies sorgt für ein maßgeschneidertes Lernerlebnis, das die Kinder motiviert und ihnen hilft, effektiv zu lernen und sich zu entwickeln.

Interaktivität und Engagement: Interaktive Lernspiele und Geschichten, die durch KI unterstützt werden, bieten ein hohes Maß an Interaktivität, das das Engagement der Kinder fördert. Diese Spiele und Geschichten sind oft spannender und ansprechender als traditionelle Lernmethoden, da sie Elemente des Spiels und der Unterhaltung integrieren.

Förderung von Kreativität und Problemlösung: Durch die Interaktion mit physischen und digitalen Objekten sowie durch die Teilnahme an interaktiven Geschichten und Spielen entwickeln Kinder wichtige Fähigkeiten wie Kreativität, kritisches Denken und Problemlösung. Diese Fähigkeiten sind nicht nur für den schulischen Erfolg wichtig, sondern auch für die allgemeine kognitive Entwicklung.

Flexibilität und Zugänglichkeit: KI-gestützte Lernspiele und Geschichten sind flexibel und können jederzeit und überall genutzt werden. Dies ermöglicht es den Kindern, in ihrem eigenen Tempo zu lernen und sich mit Inhalten zu beschäftigen, die ihren Interessen entsprechen. Eltern können diese Tools leicht in den Alltag integrieren, um das Lernen zu fördern, sei es zu Hause, unterwegs oder in der Schule.

Herausforderungen und Bedenken
Datenschutz und Sicherheit: Eine der größten Herausforderungen bei der Nutzung von KI in der Kinderbetreuung ist der Datenschutz. Da diese Technologien große Mengen an persönlichen Daten sammeln und analysieren, ist es wichtig, dass strenge Datenschutzrichtlinien eingehalten werden, um die Privatsphäre der Kinder zu schützen. Eltern und Anbieter müssen sicherstellen, dass die Daten sicher gespeichert und nicht missbraucht werden.

Bildschirmzeit und Abhängigkeit: Während KI-gestützte Lernspiele und Geschichten viele Vorteile bieten, besteht auch die Gefahr einer übermäßigen Bildschirmzeit. Es ist wichtig, dass Eltern und Erzieher ein ausgewogenes Verhältnis zwischen digitalen und physischen Aktivitäten sicherstellen, um eine gesunde Entwicklung der Kinder zu fördern.

Zugang zu Technologie: Nicht alle Familien haben Zugang zu den erforderlichen Technologien und Internetverbindungen, um von KI-gestützten Lernspielen und Geschichten zu profitieren. Dies kann die digitale Kluft vergrößern und bestehende Ungleichheiten im Bildungswesen verschärfen. Es ist entscheidend, dass Maßnahmen ergriffen werden, um den Zugang zu Technologie und Bildung für alle Kinder zu gewährleisten.

Zukunftsaussichten

Die Zukunft der KI in der Kinderbetreuung verspricht weitere Innovationen und Verbesserungen. Mit den Fortschritten in der KI und der Datenanalyse werden Lernspiele und interaktive Geschichten immer intelligenter und anpassungsfähiger. Zukünftige Entwicklungen könnten eine noch größere Personalisierung und Interaktivität bieten, die das Lernen und die Kreativität der Kinder weiter fördern.

Erweiterte Realität (AR) und Virtuelle Realität (VR): Zukünftige KI-gestützte Lernspiele könnten AR- und VR-Technologien integrieren, um noch immersivere und interaktivere Lernumgebungen zu schaffen. Diese Technologien könnten es den Kindern ermöglichen, komplexe Konzepte visuell zu erfassen und praktische Erfahrungen in einer sicheren und kontrollierten Umgebung zu sammeln.

Inklusive und barrierefreie Bildung: Fortschritte in der KI könnten auch dazu beitragen, inklusivere und barrierefreie Bildungsressourcen zu entwickeln, die auf die Bedürfnisse von Kindern mit verschiedenen

Fähigkeiten und Lernstilen zugeschnitten sind. Dies könnte spezielle Lernspiele und Geschichten für Kinder mit Behinderungen umfassen, die ihnen helfen, effektiv zu lernen und sich zu entwickeln.

Insgesamt bieten KI-gestützte Lernspiele und interaktive Geschichten viele Vorteile für die Kinderbetreuung. Sie fördern das Lernen, die Kreativität und die Problemlösungsfähigkeiten der Kinder und bieten gleichzeitig ein hohes Maß an Interaktivität und Engagement. Trotz der Herausforderungen im Bereich Datenschutz und Zugang zu Technologie haben diese Innovationen das Potenzial, die Bildungslandschaft für Kinder weltweit zu verändern und zu verbessern.

Bildungsressourcen: Automatisierte Suche nach passenden Lernmaterialien und Kursen

Die Integration von Künstlicher Intelligenz (KI) in die Bildungsbranche hat die Art und Weise revolutioniert, wie Lernmaterialien und Kurse gefunden und genutzt werden. Plattformen wie Coursera und edX setzen auf fortschrittliche Algorithmen, um personalisierte Lernempfehlungen zu bieten, die auf den individuellen Bedürfnissen und Zielen der Lernenden basieren. Diese Technologie ermöglicht es den Nutzern, relevante Inhalte schnell und effizient zu finden, was den Lernprozess optimiert und die Bildungserfahrungen verbessert.

Coursera: Maßgeschneiderte Lernpfade

Coursera ist eine der führenden Online-Lernplattformen, die eine Vielzahl von Kursen, Spezialisierungen und Abschlüssen in Zusammenarbeit mit renommierten Universitäten und Unternehmen anbietet. Die Plattform nutzt KI, um den Nutzern personalisierte Kursvorschläge zu machen, die auf ihren Interessen, ihrem bisherigen Lernverhalten und ihren beruflichen Zielen basieren.

Personalisierung und Empfehlungssysteme: Coursera verwendet maschinelles Lernen, um Daten über die Kurspräferenzen und das Lernverhalten der Nutzer zu analysieren. Basierend auf diesen Analysen erstellt das System personalisierte Empfehlungen für Kurse und Lernmaterialien, die am besten zu den individuellen Bedürfnissen der Lernenden passen. Dies ermöglicht es den Nutzern, ihre Lernziele effizienter zu erreichen, indem sie Inhalte auswählen, die für sie am relevantesten sind.

Automatisierte Lernpfade: Zusätzlich zu individuellen Kursen bietet Coursera auch Spezialisierungen und vollständige Studiengänge, die aus mehreren zusammenhängenden Kursen bestehen. Die Plattform nutzt KI, um Lernpfade zu erstellen, die auf den vorherigen Kursen und Leistungen der Nutzer basieren. Dies sorgt dafür, dass die Lernenden kontinuierlich herausgefordert werden und ihre Fähigkeiten in einem strukturierten und kohärenten Lernweg entwickeln.

edX: Intelligente Kursauswahl und Lernanalyse

edX ist eine weitere prominente Plattform, die eine breite Palette von Online-Kursen und Programmen von führenden Bildungseinrichtungen weltweit anbietet. Ähnlich wie Coursera nutzt edX KI, um den Lernprozess zu verbessern und den Nutzern eine personalisierte Lernerfahrung zu bieten.

Intelligente Kursauswahl: edX verwendet Algorithmen zur Analyse der Vorlieben und des Lernverhaltens der Nutzer. Auf Grundlage dieser Daten erstellt die Plattform Empfehlungen für Kurse und Programme, die den Interessen und Zielen der Lernenden entsprechen. Dies hilft den Nutzern, sich auf die für sie relevantesten Inhalte zu konzentrieren und ihre Lernziele effektiver zu erreichen.

Lernanalyse und Feedback: Ein weiteres wichtiges Feature von edX ist die Verwendung von KI zur Analyse des Lernfortschritts und zur Bereitstellung von Feedback. Die Plattform überwacht die Interaktionen der Nutzer mit den Kursinhalten und bietet Echtzeit-Feedback, das ihnen hilft, ihre Schwächen zu identifizieren und gezielt daran zu arbeiten. Diese kontinuierliche Überwachung und Anpassung der Lerninhalte stellen sicher, dass die Lernenden stets auf dem richtigen Weg sind.

Vorteile der automatisierten Suche nach Lernmaterialien und Kursen

Effizienz und Zeitersparnis: Die automatisierte Suche nach Lernmaterialien und Kursen spart den Nutzern viel Zeit, die sie ansonsten mit der manuellen

Suche verbringen würden. KI-gestützte Systeme durchforsten große Datenmengen in Sekundenschnelle und bieten präzise und relevante Ergebnisse, die den Bedürfnissen der Lernenden entsprechen.

Personalisierte Lernerfahrung: Durch die Analyse des Lernverhaltens und der Vorlieben der Nutzer bieten KI-gestützte Plattformen eine personalisierte Lernerfahrung. Dies erhöht die Relevanz der empfohlenen Inhalte und verbessert die Lernmotivation und -effektivität.

Kontinuierliches Feedback und Anpassung: KI-gestützte Plattformen bieten kontinuierliches Feedback und passen die Lerninhalte basierend auf dem Fortschritt und den Leistungen der Nutzer an. Dies sorgt dafür, dass die Lernenden stets herausgefordert werden und ihre Fähigkeiten kontinuierlich verbessern.

Zugang zu hochwertigen Bildungsressourcen: Plattformen wie Coursera und edX bieten Zugang zu hochwertigen Bildungsressourcen von renommierten Institutionen weltweit. Dies ermöglicht es den Nutzern, von den besten Lehrmaterialien und Expertenwissen zu profitieren, unabhängig von ihrem geografischen Standort.

Herausforderungen und ethische Überlegungen

Datenschutz und Sicherheit: Eine der größten Herausforderungen bei der Nutzung von KI in der Bildung ist der Datenschutz. Die Plattformen sammeln und analysieren große Mengen an persönlichen Daten, um personalisierte

Empfehlungen zu geben. Es ist wichtig, dass diese Daten sicher gespeichert und geschützt werden, um die Privatsphäre der Nutzer zu wahren.

Technologische Abhängigkeit: Die Abhängigkeit von Technologie kann auch eine Herausforderung darstellen. Es ist wichtig, dass die Lernenden nicht ausschließlich auf KI-gestützte Systeme angewiesen sind, sondern auch traditionelle Lernmethoden und zwischenmenschliche Interaktionen erleben, um eine ausgewogene Bildung zu erhalten.

Zugang und digitale Kluft: Nicht alle Lernenden haben Zugang zu den erforderlichen Technologien und Internetverbindungen, um von KI-gestützten Bildungsressourcen zu profitieren. Dies kann die digitale Kluft vergrößern und bestehende Ungleichheiten im Bildungswesen verschärfen. Maßnahmen müssen ergriffen werden, um den Zugang zu Technologie und Bildung für alle Lernenden zu gewährleisten.

Zukunftsaussichten

Die Zukunft der automatisierten Suche nach Lernmaterialien und Kursen verspricht weitere Verbesserungen und Innovationen. Mit den Fortschritten in der KI und der Datenanalyse werden die Systeme immer präziser und leistungsfähiger, was zu noch besseren Lernerfahrungen führt.

Erweiterte Personalisierung: Zukünftige Entwicklungen könnten zu einer noch stärkeren Personalisierung der Lerninhalte führen. KI-gestützte Systeme könnten in der Lage sein, die spezifischen Lernstile und Präferenzen der

Nutzer besser zu verstehen und darauf basierend maßgeschneiderte Lernwege zu erstellen.

Integration mit anderen Bildungstechnologien: Die Integration von KI-gestützten Plattformen mit anderen Bildungstechnologien wie Augmented Reality (AR) und Virtual Reality (VR) könnte neue, immersive Lernumgebungen schaffen. Diese Technologien könnten komplexe Konzepte visuell darstellen und den Lernprozess durch praktische Erfahrungen bereichern.

Förderung von lebenslangem Lernen: KI-gestützte Plattformen könnten auch eine wichtige Rolle bei der Förderung von lebenslangem Lernen spielen. Durch die Bereitstellung kontinuierlicher Lernmöglichkeiten und personalisierter Empfehlungen könnten die Plattformen den Nutzern helfen, ihre Fähigkeiten und Kenntnisse ständig zu erweitern und sich an die sich verändernden Anforderungen des Arbeitsmarktes anzupassen.

Fazit

Die automatisierte Suche nach passenden Lernmaterialien und Kursen durch KI bietet zahlreiche Vorteile für Lernende weltweit. Plattformen wie Coursera und edX nutzen fortschrittliche Algorithmen, um personalisierte Empfehlungen zu geben, die den individuellen Bedürfnissen und Zielen der Nutzer entsprechen. Diese Technologie spart Zeit, erhöht die Relevanz der Lerninhalte und bietet kontinuierliches Feedback, das den Lernprozess optimiert. Trotz der Herausforderungen im Bereich Datenschutz und Zugang zu Technologie haben KI-gestützte Bildungsressourcen das Potenzial, die Bildungslandschaft zu verändern und den Zugang zu hochwertiger Bildung zu verbessern. Mit fortschreitender Technologie wird KI weiterhin eine zentrale Rolle bei der Verbesserung der Bildungserfahrungen spielen und den Lernenden helfen, ihre Ziele effizient und effektiv zu erreichen.

Kapitel 14: KI für nachhaltiges Leben

Künstliche Intelligenz (KI) hat in den letzten Jahren enorme Fortschritte gemacht und findet zunehmend Anwendung in verschiedensten Lebensbereichen. Eine besonders wichtige und zukunftsweisende Anwendung von KI liegt im Bereich der Nachhaltigkeit. In diesem Kapitel betrachten wir, wie KI genutzt werden kann, um ein nachhaltigeres Leben zu fördern und unseren ökologischen Fußabdruck zu reduzieren.

Energieeffizienz

Eine der offensichtlichsten Anwendungen von KI im Bereich der Nachhaltigkeit ist die Verbesserung der Energieeffizienz. Intelligente Systeme können den Energieverbrauch in Haushalten, Büros und Industrieanlagen überwachen und optimieren. Beispielsweise können smarte Thermostate mithilfe von maschinellem Lernen die Heiz- und Kühlgewohnheiten der Bewohner analysieren und entsprechend anpassen, um den Energieverbrauch zu minimieren. Diese Systeme berücksichtigen Wettervorhersagen, die Anwesenheit von Personen im Haus und individuelle Präferenzen, um eine optimale Temperaturregelung zu gewährleisten. Auch in der Industrie spielt KI eine entscheidende Rolle. Durch die Überwachung und Analyse von Produktionsprozessen können ineffiziente Abläufe identifiziert und optimiert werden. Dies führt nicht nur zu einer Reduzierung des Energieverbrauchs, sondern auch zu einer Verringerung des Materialverbrauchs und der Produktionskosten.

Verkehr und Mobilität

Ein weiterer Bereich, in dem KI einen erheblichen Beitrag zur Nachhaltigkeit leisten kann, ist der Verkehr. Intelligente Verkehrssysteme, die Echtzeitdaten analysieren, können Verkehrsflüsse optimieren und Staus reduzieren. Dies führt zu einem geringeren Treibstoffverbrauch und weniger Emissionen. Autonome Fahrzeuge, die ebenfalls auf KI-Technologie basieren, haben das Potenzial, den Verkehr weiter zu revolutionieren. Sie können nicht nur sicherer und effizienter fahren als menschliche Fahrer, sondern auch den Bedarf an privaten Fahrzeugen verringern, indem sie als Teil eines geteilten Mobilitätssystems genutzt werden. KI-basierte Routenplanung und -optimierung sind weitere Werkzeuge, die zur Nachhaltigkeit beitragen. Lieferdienste und Logistikunternehmen nutzen Algorithmen, um die effizientesten Routen zu berechnen und so den Treibstoffverbrauch und die Lieferzeiten zu minimieren.

Abfallmanagement

Die Bewältigung des globalen Abfallproblems ist eine der größten Herausforderungen unserer Zeit. KI kann auch hier wertvolle Dienste leisten. Intelligente Systeme zur Abfalltrennung und -verwertung können die Recyclingquoten erheblich verbessern. KI-gestützte Roboter können Müll sortieren und dabei Materialien identifizieren, die wiederverwertet werden können. Diese Systeme sind oft schneller und genauer als menschliche Arbeitskräfte und tragen somit zu einer effizienteren Abfallbewirtschaftung bei. Darüber hinaus können KI-Algorithmen den Abfallstrom analysieren und Muster erkennen, die darauf hinweisen, wie die Abfallproduktion reduziert werden kann. Beispielsweise kann die Analyse von Verkaufs- und Verbrauchsdaten Einzelhändlern helfen, überschüssige Lebensmittelbestände zu vermeiden, die andernfalls im Müll landen würden.

Landwirtschaft

Auch in der Landwirtschaft eröffnet KI neue Möglichkeiten für nachhaltige Praktiken. Präzisionslandwirtschaft, die auf KI-gestützten Analysen basiert, ermöglicht eine gezielte Bewirtschaftung von Feldern. Sensoren und Drohnen sammeln Daten über Bodenbeschaffenheit, Feuchtigkeitsgehalt und Pflanzenwachstum. Diese Informationen werden dann von KI-Systemen analysiert, um optimale Bewässerungs- und Düngepläne zu erstellen. Dies reduziert den Einsatz von Wasser und Chemikalien und führt zu einer umweltfreundlicheren und effizienteren Landwirtschaft. Zudem können KI-Systeme Wetter- und Klimadaten analysieren, um Vorhersagen über Wetterbedingungen und deren Auswirkungen auf die Ernte zu treffen. Bauern können so frühzeitig auf ungünstige Bedingungen reagieren und Ernteverluste minimieren.

Ressourcenmanagement

Ein effizientes Ressourcenmanagement ist entscheidend für ein nachhaltiges Leben. KI kann dabei helfen, den Wasserverbrauch zu optimieren, indem sie den Wasserbedarf von Haushalten und landwirtschaftlichen Betrieben analysiert und steuert. Intelligente Bewässerungssysteme passen den Wasserfluss basierend auf Echtzeitdaten und Wettervorhersagen an, um Wasserverschwendung zu vermeiden. Auch im Bereich der

Materialwirtschaft kann KI einen Unterschied machen. Durch die Analyse von Produktions- und Verbrauchsdaten können Unternehmen ihren Materialeinsatz optimieren und Abfall reduzieren. Dies trägt nicht nur zur Nachhaltigkeit bei, sondern senkt auch die Kosten.

Erneuerbare Energien

Die Integration erneuerbarer Energien in unser Energiesystem ist ein wichtiger Schritt hin zu mehr Nachhaltigkeit. KI kann die Effizienz und Zuverlässigkeit dieser Energiequellen verbessern. Beispielsweise können KI-Algorithmen die Produktion von Solar- und Windkraftanlagen vorhersagen, indem sie Wetter- und Betriebsdaten analysieren. Diese Vorhersagen helfen Netzbetreibern, die Energieproduktion besser zu planen und Schwankungen im Netz zu minimieren. Zudem können intelligente Energiemanagementsysteme den Einsatz von erneuerbaren Energien optimieren, indem sie den Energiefluss in Echtzeit steuern und überschüssige Energie speichern oder weiterleiten. Dies führt zu einer effizienteren Nutzung von Solar- und Windenergie und reduziert den Bedarf an fossilen Brennstoffen.

Energieverbrauch: Optimierung des Energieverbrauchs durch smarte Thermostate und Beleuchtungssysteme

Der Energieverbrauch in Haushalten und Gebäuden ist ein wesentlicher Faktor für den ökologischen Fußabdruck. Die Optimierung des

Energieverbrauchs ist daher ein entscheidender Schritt zu einem nachhaltigeren Leben. Smarte Thermostate und Beleuchtungssysteme spielen dabei eine zentrale Rolle. Diese Geräte nutzen fortschrittliche Technologie, um den Energieverbrauch zu reduzieren, ohne den Komfort zu beeinträchtigen. In diesem Kapitel betrachten wir die Funktionsweise, Vorteile und Herausforderungen dieser Technologien und wie sie dazu beitragen können, den Energieverbrauch zu optimieren.

Smarte Thermostate

Smarte Thermostate sind mehr als nur digitale Thermostate. Sie nutzen künstliche Intelligenz (KI) und maschinelles Lernen, um die Heiz- und Kühlgewohnheiten der Bewohner zu analysieren und entsprechend anzupassen. Ein bekanntes Beispiel ist das Nest Thermostat von Google. Diese Geräte lernen aus den Verhaltensmustern der Nutzer und passen die Temperatur automatisch an, um Energie zu sparen, wenn niemand zu Hause ist oder alle schlafen. Ein großer Vorteil smarter Thermostate ist die Möglichkeit, sie aus der Ferne zu steuern. Über eine Smartphone-App können Nutzer ihre Heizung oder Klimaanlage auch dann anpassen, wenn sie nicht zu Hause sind. Dies ermöglicht eine präzise Steuerung des Energieverbrauchs und verhindert unnötige Energieverschwendung.

Lernfähige Systeme

Die lernfähigen Systeme smarter Thermostate sind besonders bemerkenswert. Durch die Analyse von Daten wie Tageszeit, Wetterbedingungen und Anwesenheit der Bewohner können diese

Thermostate Vorhersagen treffen und entsprechende Anpassungen vornehmen. Zum Beispiel wird der Thermostat die Heizung herunterregeln, wenn die Bewohner das Haus verlassen, und sie rechtzeitig wieder hochfahren, bevor sie zurückkehren. Ein weiterer Aspekt ist die Integration von Wettervorhersagen. Smarte Thermostate können externe Wetterdaten nutzen, um die Heiz- oder Kühlpläne anzupassen. An einem sonnigen Tag im Winter kann das System die Heizung leicht reduzieren, da die Sonneneinstrahlung bereits zur Erwärmung der Räume beiträgt.

Energieeinsparungen

Die Energieeinsparungen durch smarte Thermostate sind erheblich. Studien zeigen, dass Nutzer von smarten Thermostaten ihren Energieverbrauch um bis zu 20% reduzieren können. Dies führt nicht nur zu einer Verringerung des CO_2-Ausstoßes, sondern auch zu spürbaren Einsparungen bei den Energiekosten. Solche Einsparungen sind besonders wichtig in Zeiten steigender Energiepreise und wachsender Besorgnis über den Klimawandel.

Smarte Beleuchtungssysteme

Smarte Beleuchtungssysteme, wie Philips Hue, bieten ebenfalls erhebliche Möglichkeiten zur Energieeinsparung. Diese Systeme ermöglichen die Steuerung der Beleuchtung über mobile Geräte oder Sprachassistenten wie Amazon Alexa oder Google Assistant. Nutzer können die Helligkeit und Farbe der Beleuchtung anpassen, um eine angenehme Atmosphäre zu schaffen und gleichzeitig Energie zu sparen.

Anpassungsfähigkeit und Automatisierung

Ein herausragendes Merkmal smarter Beleuchtungssysteme ist ihre Anpassungsfähigkeit und Automatisierung. Diese Systeme können so programmiert werden, dass sie sich automatisch ein- und ausschalten, basierend auf voreingestellten Zeitplänen oder der Anwesenheit von Personen im Raum. Bewegungssensoren und Anwesenheitserkennung sind dabei wichtige Komponenten. Wenn beispielsweise niemand im Raum ist, schaltet sich die Beleuchtung automatisch aus, um Energie zu sparen.

Energiemanagement und Szenarien

Smarte Beleuchtungssysteme bieten auch die Möglichkeit, verschiedene Szenarien zu erstellen. Nutzer können vordefinierte Beleuchtungseinstellungen für verschiedene Aktivitäten wie Lesen, Fernsehen oder Abendessen speichern. Diese Szenarien optimieren die Beleuchtung und tragen gleichzeitig zur Energieeinsparung bei. Ein weiterer Vorteil ist die Integration mit anderen smarten Geräten im Haus. Beleuchtungssysteme können mit smarten Thermostaten und anderen Geräten vernetzt werden, um ein umfassendes Energiemanagement zu ermöglichen. Ein Beispiel ist die Anpassung der Beleuchtung basierend auf der Tageszeit und den Aktivitäten der Bewohner. Am Morgen könnte das System sanftes, natürliches Licht simulieren, um das Aufwachen zu erleichtern, während es abends warmes, gedimmtes Licht bereitstellt, um eine entspannte Atmosphäre zu schaffen.

Energieeinsparungen

Die Energieeinsparungen durch smarte Beleuchtungssysteme sind ebenfalls bemerkenswert. Durch die Nutzung energieeffizienter LED-Leuchten und die Möglichkeit, die Beleuchtung präzise zu steuern, können Nutzer ihren Energieverbrauch erheblich reduzieren. Laut Studien können smarte Beleuchtungssysteme den Energieverbrauch für Beleuchtung um bis zu 40% senken.

Integration und Vernetzung

Smarte Thermostate und Beleuchtungssysteme sind oft Teil eines größeren Smart Home Ökosystems. Diese Systeme arbeiten nahtlos zusammen, um den Energieverbrauch im gesamten Haus zu optimieren. Durch die Integration von Sensoren, KI und vernetzten Geräten können Nutzer ein Höchstmaß an Energieeffizienz erreichen. Ein Beispiel für ein solches Ökosystem ist das Apple HomeKit, das verschiedene smarte Geräte miteinander verbindet und eine zentrale Steuerung ermöglicht. Nutzer können Szenarien erstellen, die mehrere Geräte gleichzeitig steuern. Ein „Guten Morgen"-Szenario könnte beispielsweise die Heizung einschalten, die Beleuchtung anpassen und den Kaffeeautomaten starten.

Vorteile der Vernetzung

Die Vernetzung von smarten Geräten bietet zahlreiche Vorteile. Zum einen ermöglicht sie eine zentralisierte Steuerung, die den Umgang mit verschiedenen Systemen vereinfacht. Zum anderen können die Geräte miteinander kommunizieren und aufeinander abgestimmte Entscheidungen treffen. Dies führt zu einer noch effizienteren Nutzung von Energie.

Herausforderungen und Lösungen

Trotz der vielen Vorteile gibt es auch Herausforderungen bei der Integration und Vernetzung smarter Geräte. Eine davon ist die Kompatibilität zwischen verschiedenen Herstellern und Systemen. Nicht alle Geräte sind miteinander kompatibel, was die Einrichtung und Nutzung erschweren kann. Eine Lösung für dieses Problem sind offene Standards und Protokolle, die eine nahtlose Kommunikation zwischen Geräten verschiedener Hersteller ermöglichen. Zigbee und Z-Wave sind Beispiele für solche Protokolle, die in vielen Smart Home Geräten verwendet werden. Eine weitere Herausforderung ist die Sicherheit und der Datenschutz. Smarte Geräte sammeln eine Vielzahl von Daten über die Nutzer und ihre Gewohnheiten. Es ist wichtig, dass diese Daten sicher gespeichert und geschützt werden. Hersteller müssen daher robuste Sicherheitsmaßnahmen implementieren, um die Privatsphäre der Nutzer zu gewährleisten.

Zukünftige Entwicklungen

Die Entwicklung smarter Thermostate und Beleuchtungssysteme steht nicht still. Fortschritte in der KI und im maschinellen Lernen werden diese Systeme noch intelligenter und effizienter machen. Zukünftige Generationen smarter Thermostate könnten noch präzisere Vorhersagen treffen und sich besser an die individuellen Bedürfnisse der Nutzer anpassen. Auch im Bereich der Beleuchtung werden KI und Sensorik weiter verbessert. Systeme könnten lernen, die Stimmung und Aktivitäten der Bewohner zu erkennen und die Beleuchtung entsprechend anzupassen. Dies könnte zu einer noch besseren Energieeinsparung und einem höheren Komfort führen.

Integration erneuerbarer Energien
Ein weiterer wichtiger Aspekt für die Zukunft ist die Integration erneuerbarer Energien. Smarte Thermostate und Beleuchtungssysteme können mit Solaranlagen und anderen erneuerbaren Energiequellen verbunden werden. Dies ermöglicht eine noch nachhaltigere Nutzung von Energie. Zum Beispiel könnten smarte Thermostate die Heizung oder Klimaanlage bevorzugt dann betreiben, wenn genügend Solarenergie verfügbar ist.

Smart Cities und Energienetze
Die Technologien, die in smarten Thermostaten und Beleuchtungssystemen eingesetzt werden, können auch auf größere Maßstäbe übertragen werden. In Smart Cities könnten vernetzte Energiemanagementsysteme dazu beitragen, den Energieverbrauch auf städtischer Ebene zu optimieren. Intelligente Stromnetze (Smart Grids) könnten den Energiefluss in Echtzeit überwachen und steuern, um eine effizientere Nutzung von Energie zu gewährleisten.

Mülltrennung: KI-gestützte Systeme zur richtigen Mülltrennung und Recycling

Mülltrennung und Recycling sind wesentliche Bestandteile nachhaltigen Handelns und haben direkte Auswirkungen auf die Umwelt. Der Prozess der

Mülltrennung ist jedoch oft fehleranfällig und ineffizient, was dazu führt, dass wertvolle Materialien verloren gehen und der Müllberg wächst. KI-gestützte Systeme zur Mülltrennung und Recycling, wie Bin-e, bieten innovative Lösungen für diese Herausforderungen. In diesem Kapitel werden wir die Funktionsweise, Vorteile und Herausforderungen dieser Technologien detailliert untersuchen und ihre Bedeutung für eine nachhaltigere Zukunft hervorheben.

Funktionsweise von KI-gestützten Mülltrennungssystemen

KI-gestützte Mülltrennungssysteme nutzen maschinelles Lernen und Computer Vision, um Müll zu erkennen und korrekt zu klassifizieren. Diese Systeme sind mit Kameras und Sensoren ausgestattet, die Bilder und Daten von Abfallprodukten erfassen. Ein Beispiel hierfür ist Bin-e, ein intelligenter Mülleimer, der Abfälle automatisch in die entsprechenden Kategorien sortiert. Die Erkennung erfolgt durch die Analyse der Bilddaten. Algorithmen des maschinellen Lernens, die mit großen Datensätzen von verschiedenen Abfallarten trainiert wurden, identifizieren die Materialien und ordnen sie den entsprechenden Recycling-Kategorien zu. Diese Algorithmen werden kontinuierlich verbessert, indem sie aus neuen Daten lernen, um die Genauigkeit der Erkennung zu erhöhen.

Automatisierte Trennung

Nachdem der Abfall korrekt erkannt und klassifiziert wurde, erfolgt die automatische Trennung. Systeme wie Bin-e verfügen über verschiedene Fächer für unterschiedliche Abfallkategorien wie Papier, Kunststoff, Glas und organische Abfälle. Mechanische Vorrichtungen transportieren die Abfälle in das entsprechende Fach. Dieser Prozess ist schneller und präziser als die manuelle Trennung, was die Effizienz des Recyclings erheblich steigert.

Datenanalyse und Optimierung

Neben der physischen Trennung von Abfällen spielen Datenanalyse und Optimierung eine zentrale Rolle in KI-gestützten Mülltrennungssystemen. Die gesammelten Daten über die Art und Menge des Abfalls werden analysiert, um Muster und Trends zu erkennen. Diese Informationen können genutzt werden, um die Abfallwirtschaft zu optimieren, z.B. durch Anpassung der Abholzeiten und -routen für Müllfahrzeuge oder durch Sensibilisierung der Bevölkerung für Mülltrennung.

Vorteile von KI-gestützten Mülltrennungssystemen

Höhere Genauigkeit und Effizienz

Ein Hauptvorteil von KI-gestützten Mülltrennungssystemen ist ihre hohe Genauigkeit und Effizienz. Fehler bei der Mülltrennung, die oft bei manuellen Verfahren auftreten, werden erheblich reduziert. Dies führt zu einer besseren Qualität des recycelten Materials und erhöht die Recyclingquoten. Da diese Systeme kontinuierlich lernen und sich anpassen, verbessern sie ihre Leistung über die Zeit weiter.

Kosteneinsparungen

Durch die Automatisierung des Trennungsprozesses können Arbeitskosten gesenkt werden. Zudem reduzieren präzisere Trennungen die Notwendigkeit zusätzlicher Sortierprozesse in Recyclinganlagen, was weitere Kosteneinsparungen mit sich bringt. Insgesamt trägt dies zu einer wirtschaftlicheren und effizienteren Abfallwirtschaft bei.

Umweltvorteile
Die verbesserten Recyclingquoten und die effizientere Abfalltrennung tragen direkt zum Umweltschutz bei. Weniger Abfall landet auf Deponien, was die Methanemissionen reduziert, die durch die Zersetzung organischer Abfälle entstehen. Zudem werden wertvolle Materialien zurückgewonnen und wiederverwertet, was den Bedarf an neuen Rohstoffen verringert und die Ressourcen der Erde schont.

Bildung und Sensibilisierung
KI-gestützte Mülltrennungssysteme können auch als Bildungswerkzeuge dienen. Durch die Bereitstellung von Informationen über die Art und Menge des erzeugten Abfalls können diese Systeme dazu beitragen, das Bewusstsein der Menschen für nachhaltige Praktiken zu schärfen. Nutzer können über ihre persönlichen Recyclingstatistiken informiert werden, was sie motiviert, ihre Trenngewohnheiten zu verbessern.

Herausforderungen und Lösungen
Technologische Herausforderungen
Eine der größten Herausforderungen bei der Implementierung von KI-gestützten Mülltrennungssystemen ist die technische Komplexität. Die Algorithmen müssen in der Lage sein, eine Vielzahl von Abfallarten in

unterschiedlichen Zuständen und Formen zu erkennen. Dies erfordert umfangreiche Trainingsdatensätze und fortschrittliche Technologien für maschinelles Lernen und Computer Vision. Eine mögliche Lösung besteht in der ständigen Verbesserung und Anpassung der Algorithmen durch kontinuierliches Lernen und die Integration neuer Daten. Dies könnte durch Partnerschaften mit Recyclingunternehmen und die Nutzung von Open-Source-Datenbanken unterstützt werden.

Wirtschaftliche Herausforderungen

Die Anschaffung und Implementierung von KI-gestützten Mülltrennungssystemen erfordert erhebliche Investitionen. Dies kann insbesondere für kleinere Gemeinden oder Unternehmen eine Hürde darstellen. Um diese Herausforderung zu bewältigen, könnten staatliche Subventionen und Förderprogramme eingerichtet werden, die die Einführung solcher Technologien unterstützen. Zudem könnten Geschäftsmodelle entwickelt werden, bei denen Unternehmen die Systeme nicht kaufen, sondern mieten oder abonnieren, was die Einstiegskosten senkt und die Einführung erleichtert.

Akzeptanz und Nutzerverhalten

Die Akzeptanz neuer Technologien durch die Bevölkerung ist ein weiterer wichtiger Faktor für ihren Erfolg. Menschen müssen bereit sein, diese Systeme zu nutzen und ihnen zu vertrauen. Um dies zu erreichen, sind Aufklärung und Benutzerfreundlichkeit entscheidend. Die Systeme müssen intuitiv und einfach zu bedienen sein, um eine breite Akzeptanz zu gewährleisten. Aufklärungskampagnen und Schulungen könnten helfen, die Vorteile und Funktionsweisen der Systeme zu erklären und das Vertrauen der Nutzer zu gewinnen. Zudem könnten Anreizsysteme, wie Belohnungen für korrektes Trennen, die Motivation der Menschen erhöhen.

Zukünftige Entwicklungen

Integration in Smart Cities

Die Zukunft der KI-gestützten Mülltrennungssysteme liegt in ihrer Integration in Smart Cities. In einer Smart City könnten alle Mülltrennungssysteme vernetzt sein und Echtzeitdaten über Abfallströme und Recyclingraten austauschen. Diese Daten könnten genutzt werden, um die städtische Abfallwirtschaft zu optimieren und Ressourcen effizienter zu nutzen. Ein Beispiel hierfür könnte die automatische Anpassung der Abholrouten von Müllfahrzeugen basierend auf den Füllständen der intelligenten Mülleimer sein. Dies würde die Effizienz der Abfallsammlung erhöhen und den CO_2-Ausstoß der Fahrzeuge reduzieren.

Erweiterte Anwendungsmöglichkeiten

KI-gestützte Mülltrennungssysteme könnten in Zukunft auch auf andere Bereiche der Abfallwirtschaft ausgeweitet werden. Beispielsweise könnten sie in industriellen Umgebungen eingesetzt werden, um Produktionsabfälle effizienter zu trennen und zu recyceln. Auch in öffentlichen Einrichtungen wie Schulen und Krankenhäusern könnten solche Systeme implementiert werden, um eine bessere Mülltrennung zu gewährleisten.

Verbesserte Materialienerkennung

Mit fortschreitender Technologie wird die Erkennung und Klassifizierung von Materialien noch präziser und vielseitiger werden. Künftige Systeme könnten in der Lage sein, komplexere Abfallarten wie elektronische Geräte und gefährliche Materialien zu identifizieren und entsprechend zu verarbeiten. Dies würde die Sicherheit und Effizienz des Recyclings weiter erhöhen.

Nachhaltiger Konsum: Apps zur Verfolgung und Reduzierung des CO2-Fußabdrucks

Nachhaltiger Konsum spielt eine zentrale Rolle im Kampf gegen den Klimawandel und den Schutz unserer Umwelt. Durch bewusstere Entscheidungen im Alltag können wir unseren CO2-Fußabdruck erheblich reduzieren. Moderne Technologien, insbesondere mobile Apps, bieten innovative Lösungen zur Verfolgung und Reduzierung unseres CO2-Fußabdrucks. Apps wie JouleBug und Oroeco helfen den Nutzern, ihre täglichen Aktivitäten zu überwachen und nachhaltigere Entscheidungen zu treffen. In diesem Kapitel werden wir die Funktionsweise, Vorteile und Herausforderungen dieser Apps untersuchen und deren Bedeutung für einen nachhaltigeren Lebensstil beleuchten.

Funktionsweise von Nachhaltigkeits-Apps

Erfassung und Analyse von Daten

Nachhaltigkeits-Apps wie JouleBug und Oroeco sammeln und analysieren Daten über das Verhalten der Nutzer, um deren CO_2-Fußabdruck zu berechnen. Diese Apps erfassen eine Vielzahl von Informationen, einschließlich des Energieverbrauchs zu Hause, der Transportmittel, der Ernährung und des Konsumverhaltens.

1. **Energieverbrauch:** Apps wie JouleBug ermöglichen es den Nutzern, ihren Energieverbrauch zu Hause zu überwachen. Durch die Verbindung mit Smart-Metering-Systemen oder die manuelle Eingabe von Daten können Nutzer sehen, wie viel Energie sie verbrauchen und welche Geräte am meisten Energie benötigen.

2. **Transport:** Die Wahl der Transportmittel hat einen erheblichen Einfluss auf den CO_2-Fußabdruck. Diese Apps verfolgen die Nutzung von Autos, öffentlichen Verkehrsmitteln, Fahrrädern und sogar die Anzahl der zurückgelegten Schritte. Oroeco beispielsweise bietet eine detaillierte Analyse der Emissionen, die durch verschiedene Transportmittel verursacht werden.

3. **Ernährung:** Auch die Ernährung spielt eine wesentliche Rolle. Nachhaltigkeits-Apps helfen dabei, die Umweltauswirkungen der Ernährung zu verstehen. Sie erfassen Daten zu den konsumierten Lebensmitteln und

berechnen den damit verbundenen CO2-Fußabdruck. Pflanzenbasierte Ernährung wird dabei oft als umweltfreundlicher hervorgehoben.

4. Konsumverhalten: Die Apps analysieren auch das allgemeine Konsumverhalten der Nutzer, einschließlich der Art und Menge der gekauften Produkte. JouleBug motiviert die Nutzer beispielsweise, weniger Einwegplastik zu verwenden und nachhaltigere Produkte zu wählen.

Gamification und Anreize

Eine der erfolgreichsten Methoden, Nutzer zur Teilnahme und Verhaltensänderung zu motivieren, ist Gamification. Apps wie JouleBug nutzen spielerische Elemente, um das Engagement zu fördern. Nutzer können Punkte sammeln, Abzeichen verdienen und sich in Ranglisten mit Freunden und der Community vergleichen. Solche Anreize machen nachhaltiges Verhalten nicht nur messbar, sondern auch unterhaltsam und wettbewerbsfähig.

Oroeco integriert ebenfalls Anreize, indem es die finanziellen Einsparungen durch nachhaltiges Verhalten aufzeigt. Diese Einsparungen können durch weniger Energieverbrauch, geringere Transportkosten oder reduzierte Ausgaben für unnötige Konsumgüter entstehen.

Personalisierte Empfehlungen

Ein weiterer wichtiger Aspekt dieser Apps sind personalisierte Empfehlungen. Basierend auf den erfassten Daten und Analysen geben JouleBug und Oroeco maßgeschneiderte Ratschläge, wie Nutzer ihren CO2-

Fußabdruck weiter reduzieren können. Diese Empfehlungen reichen von einfachen Änderungen im Alltag bis hin zu langfristigen Strategien für einen nachhaltigeren Lebensstil.

Vorteile von Nachhaltigkeits-Apps

Bewusstseinsbildung und Bildung

Einer der größten Vorteile dieser Apps ist die Bewusstseinsbildung. Viele Menschen sind sich nicht bewusst, wie ihre täglichen Entscheidungen die Umwelt beeinflussen. Durch die detaillierte Darstellung des CO_2-Fußabdrucks und der Umweltauswirkungen verschiedener Aktivitäten helfen diese Apps den Nutzern, ein besseres Verständnis für die Zusammenhänge zu entwickeln. Zusätzlich bieten viele Apps Bildungsressourcen an, wie Artikel, Tipps und interaktive Inhalte, die das Wissen über Nachhaltigkeit vertiefen. Dies trägt dazu bei, informierte Entscheidungen zu treffen und das eigene Verhalten langfristig zu ändern.

Einfachheit und Zugänglichkeit

Nachhaltigkeits-Apps machen es einfach und zugänglich, den eigenen CO_2-Fußabdruck zu verfolgen. Die Benutzerfreundlichkeit der Apps sorgt dafür, dass auch Menschen ohne technisches Know-how oder tiefes Wissen über Nachhaltigkeit von den Vorteilen profitieren können. Die intuitive Gestaltung und klare Darstellung der Daten machen die Nutzung angenehm und effektiv.

Vernetzung und Gemeinschaft

Apps wie JouleBug und Oroeco fördern die Vernetzung und den Austausch innerhalb der Community. Nutzer können sich mit Freunden, Familie und anderen Gleichgesinnten verbinden, um Erfahrungen auszutauschen, sich gegenseitig zu motivieren und zu unterstützen. Diese Gemeinschaftsaspekte stärken das Engagement und machen nachhaltiges Verhalten zu einer kollektiven Anstrengung.

Messbare Erfolge und Motivation

Ein großer Vorteil dieser Apps ist die Möglichkeit, Fortschritte und Erfolge zu messen. Nutzer können sehen, wie viel CO_2 sie durch bestimmte Verhaltensänderungen eingespart haben, was zusätzliche Motivation bietet. Die Transparenz und Messbarkeit der Ergebnisse machen es einfacher, langfristige Ziele zu setzen und zu verfolgen.

Herausforderungen und Lösungen

Datenschutz und Datensicherheit

Eine der größten Herausforderungen bei der Nutzung von Nachhaltigkeits-Apps ist wieder einmal der Datenschutz. Diese Apps sammeln viele persönliche Daten, was Bedenken hinsichtlich der Datensicherheit und -privatsphäre aufwirft. Es ist wichtig, dass die Entwickler robusten Datenschutz gewährleisten und klare Richtlinien zur Datennutzung und -speicherung implementieren. Lösungen könnten die Verwendung von Verschlüsselungstechnologien, die Anonymisierung von Daten und die Bereitstellung transparenter Datenschutzrichtlinien umfassen. Nutzer sollten in der Lage sein, die Kontrolle über ihre Daten zu behalten und zu entscheiden, welche Informationen sie teilen möchten.

Nutzerengagement und -bindung

Eine weitere Herausforderung ist das Aufrechterhalten des Nutzerengagements und der -bindung. Obwohl Gamification und Anreize kurzfristig motivierend sein können, besteht die Herausforderung darin, die Nutzer langfristig zu binden und kontinuierliche Verhaltensänderungen zu fördern. Langfristige Bindung kann durch die kontinuierliche Einführung neuer Funktionen, personalisierter Inhalte und die Anpassung der Gamification-Elemente an die sich ändernden Bedürfnisse und Interessen der Nutzer erreicht werden. Regelmäßige Updates und die Einbindung von Nutzerfeedback können ebenfalls zur Verbesserung der Nutzererfahrung beitragen.

Genauigkeit der Daten

Die Genauigkeit der Daten ist entscheidend für die Wirksamkeit dieser Apps. Fehlerhafte oder unvollständige Daten können zu falschen Analysen und Empfehlungen führen, was das Vertrauen der Nutzer beeinträchtigt. Um die Genauigkeit zu verbessern, sollten Apps robuste Datenquellen nutzen und regelmäßig aktualisieren. Die Integration mit externen Datenquellen wie Smart-Metering-Systemen und öffentlich zugänglichen Umwelt- und Klimadaten kann die Datenqualität weiter erhöhen.

Zukünftige Entwicklungen

Integration mit anderen Plattformen und Geräten

Zukünftige Entwicklungen könnten die Integration von Nachhaltigkeits-Apps mit anderen Plattformen und Geräten umfassen. Zum Beispiel könnte eine tiefere Integration mit Smart-Home-Systemen und Wearables die Datenerfassung automatisieren und die Benutzererfahrung verbessern. Diese Integration würde eine umfassendere Überwachung des CO_2-Fußabdrucks ermöglichen und die Effizienz der Empfehlungen steigern.

Erweiterte Analysen und Prognosen

Mit fortschreitender Technologie könnten Nachhaltigkeits-Apps erweiterte Analysen und Prognosen anbieten. Künstliche Intelligenz und maschinelles Lernen könnten genutzt werden, um komplexe Muster und Trends im Verhalten der Nutzer zu erkennen und noch präzisere Empfehlungen zu geben. Diese erweiterten Analysen könnten auch die Auswirkungen verschiedener Maßnahmen auf den CO_2-Fußabdruck besser vorhersagen und so die Entscheidungsfindung unterstützen.

Personalisierte Ziele und Coaching

Ein weiterer zukünftiger Entwicklungsschritt könnte die Einführung personalisierter Ziele und Coaching-Funktionen sein. Apps könnten Nutzer bei der Erstellung und Verfolgung individueller Nachhaltigkeitsziele unterstützen und durch regelmäßige Rückmeldungen und Anleitungen helfen, diese Ziele zu erreichen. Virtuelle Coaches könnten personalisierte

Ratschläge und Motivation bieten, um die Nutzer auf ihrem Weg zu einem nachhaltigeren Lebensstil zu begleiten.

Fazit

Nachhaltigkeits-Apps wie JouleBug und Oroeco bieten leistungsstarke Werkzeuge, um den CO_2-Fußabdruck zu verfolgen und zu reduzieren. Durch die Erfassung und Analyse von Daten, Gamification, personalisierte Empfehlungen und die Förderung der Gemeinschaft tragen diese Apps zur Bewusstseinsbildung und Verhaltensänderung bei. Trotz einiger Herausforderungen im Bereich Datenschutz, Nutzerengagement und Datenqualität zeigen sie ein enormes Potenzial, das nachhaltige Verhalten zu fördern und unseren ökologischen Fußabdruck zu verringern. Mit fortschreitender Technologie und kontinuierlicher Weiterentwicklung könnten Nachhaltigkeits-Apps noch effektiver und benutzerfreundlicher werden. Ihre Integration in unser tägliches Leben und die Verknüpfung mit anderen Plattformen und Geräten könnten dazu beitragen, eine nachhaltigere Zukunft zu gestalten.

15. Schlussfolgerung

Künstliche Intelligenz (KI) hat sich in den letzten Jahrzehnten zu einer der bedeutendsten Technologien unserer Zeit entwickelt und spielt eine zentrale Rolle in nahezu allen Bereichen unseres täglichen Lebens. Von der Einführung und den grundlegenden Konzepten der KI über ihre vielfältigen Anwendungen bis hin zu spezifischen Einsatzbereichen haben wir in diesem Buch die vielen Facetten der KI untersucht und aufgezeigt, wie sie unseren Alltag erleichtert und verbessert.

Ein wesentliches Element der KI ist ihre Fähigkeit, durch Sprachassistenten wie Alexa, Google Assistant und Siri die Interaktion mit Technologie zu revolutionieren. Diese Assistenten haben unsere Art zu kommunizieren verändert und bieten eine nahtlose, intuitive Bedienung von Geräten und Anwendungen. Die Automatisierung von Aufgaben durch Tools wie IFTTT und die Integration von Smart Home Geräten wie intelligenten Thermostaten und Beleuchtungssystemen tragen zur Effizienzsteigerung und Komforterhöhung in unseren Wohnräumen bei.

KI hat auch signifikante Fortschritte im Bereich der Produktivität gebracht. Aufgabenmanagement-Tools wie Todoist und Notion sowie Kalender- und E-Mail-Management-Systeme helfen uns, unsere Zeit besser zu organisieren und unsere täglichen Aufgaben effizienter zu erledigen. Die Nutzung von Smart Home Technologien zur Energieeinsparung und Komfortsteigerung ist ein weiteres Beispiel für die transformative Kraft der KI. Intelligente Thermostate und Beleuchtungssysteme wie Nest und Philips Hue optimieren den Energieverbrauch und tragen somit zu einem nachhaltigeren Lebensstil bei.

Gesundheits- und Fitnessanwendungen sind ein weiteres Feld, in dem KI einen großen Einfluss hat. Wearables wie Fitbit und Apple Watch überwachen unsere Gesundheitsparameter und bieten personalisierte Fitnessprogramme, die uns dabei helfen, gesünder zu leben. Gleichzeitig hat KI dazu beigetragen, die Sicherheit und den Datenschutz zu verbessern, indem sie Risiken identifiziert und Maßnahmen zum Schutz unserer Daten entwickelt hat.

Die Verwaltung persönlicher Finanzen ist durch KI-gestützte Apps erheblich vereinfacht worden. Anwendungen wie Mint und YNAB bieten detaillierte Budgetierungs- und Finanzplanungstools, während Robo-Advisors wie Betterment und Wealthfront automatisierte Anlagestrategien bereitstellen, die individuell auf die Bedürfnisse der Nutzer zugeschnitten sind. Kreditmanagement-Tools wie Credit Karma ermöglichen eine kontinuierliche Überwachung der Kreditwürdigkeit und helfen bei der Schuldentilgung.

Auch in der Reiseplanung hat KI beeindruckende Fortschritte gemacht. Automatisierte Preisvergleiche durch Apps wie Hopper und Skyscanner, intelligente Navigation und Verkehrsvorhersagen durch Google Maps und Waze sowie personalisierte Reiseempfehlungen durch TripAdvisor und Google Travel haben die Art und Weise, wie wir Reisen planen und durchführen, revolutioniert. Das Einkaufserlebnis wird durch

Einkaufsassistenten und Preisvergleichs-Apps wie Amazon und Honey verbessert, die personalisierte Produktvorschläge und Schnäppchenalarme bieten, während optimierte Lieferdienste die Lieferzeiten und -routen effizienter gestalten.

KI spielt auch eine zentrale Rolle in der sozialen Interaktion. Social Media Management-Tools wie Buffer und Hootsuite ermöglichen die automatisierte Verwaltung von Beiträgen und Interaktionen auf sozialen Plattformen. Kommunikationsassistenten wie Grammarly und Crystal bieten personalisierte Antworten und E-Mail-Management, während Beziehungsmanagement-Apps wie Cloze und Monica dabei helfen, Freundschaften und Netzwerke zu pflegen.

In der Unterhaltung bietet KI personalisierte Medienempfehlungen durch Plattformen wie Netflix und Spotify, KI-gesteuerte Spielewelten und interaktive Unterhaltung durch virtuelle Assistenten wie Amazon Echo und Google Nest. Auch im Haushalt hat KI durch Hausautomation, Reinigungsroboter und intelligente Sicherheitsüberwachungssysteme wie Ring und Nest Secure eine wichtige Rolle übernommen, die den Komfort und die Sicherheit in unseren Wohnräumen erhöht.

Bildung und Kinderbetreuung werden durch KI-gestützte Lern-Apps und interaktive Bildungsressourcen wie Duolingo und Khan Academy sowie durch interaktive Lernspiele und Geschichten durch Plattformen wie Osmo und Amazon FreeTime unterstützt. Diese Technologien bieten personalisiertes Lernen und fördern die Entwicklung von Kindern auf spielerische Weise.

Besondere Aufmerksamkeit haben wir den Anwendungen der KI für ein nachhaltiges Leben gewidmet. Smarte Thermostate und Beleuchtungssysteme optimieren den Energieverbrauch, während KI-gestützte Mülltrennungssysteme wie Bin-e die Recyclingquoten verbessern. Apps zur Verfolgung und Reduzierung des CO_2-Fußabdrucks wie JouleBug und Oroeco motivieren die Nutzer zu nachhaltigerem Verhalten.

Ausblick auf die zukünftige Entwicklung

Die Zukunft der Künstlichen Intelligenz verspricht noch tiefere Integration und breitere Anwendungen, die unser Leben weiter verbessern könnten. Mit der Weiterentwicklung von KI-Algorithmen und maschinellem Lernen wird die Genauigkeit und Effizienz von KI-Systemen weiter steigen. KI wird zunehmend in vernetzten Ökosystemen agieren, und Smart Homes werden zu intelligenten Städten (Smart Cities) ausgebaut, in denen vernetzte Geräte und Systeme zusammenarbeiten, um Energieeffizienz, Verkehr, Sicherheit und Lebensqualität zu optimieren. KI-Systeme werden noch besser darin, individuelle Bedürfnisse und Vorlieben zu erkennen und darauf einzugehen, was zu personalisierten Gesundheits- und Wellnessprogrammen, maßgeschneiderten Bildungsangeboten und individuellen Finanzberatungen führen könnte. KI wird eine Schlüsselrolle bei der Bewältigung globaler Umweltprobleme spielen. Intelligente Energiemanagementsysteme, präzise landwirtschaftliche Technologien und fortschrittliche Recyclingprozesse werden dazu beitragen, Ressourcen effizienter zu nutzen und die Umweltbelastung zu reduzieren. Während KI immer mächtiger wird, wird die ethische Nutzung von KI immer wichtiger. Die Entwicklung von Richtlinien und Standards für den verantwortungsvollen Einsatz von KI-Technologien wird entscheidend sein, um sicherzustellen, dass KI zum Wohl der Gesellschaft eingesetzt wird. Künftige KI-Anwendungen werden noch benutzerfreundlicher und zugänglicher sein, was dazu führt, dass noch mehr Menschen von den Vorteilen dieser Technologie profitieren können. Die Kombination von KI mit erweiterter Realität (AR) und virtueller Realität (VR) wird neue Möglichkeiten in Bildung, Training, Unterhaltung und mehr eröffnen. Dies könnte immersive Lernumgebungen, realistische Simulationen und innovative Spieleerlebnisse umfassen. KI wird weiterhin die Gesundheitsbranche revolutionieren, von der Diagnostik über die Behandlung bis hin zur präventiven Medizin. Personalisierte Medizin, durch KI gesteuerte Gesundheitsüberwachung und Roboterchirurgie werden das Gesundheitswesen transformieren. Insgesamt bietet Künstliche Intelligenz enorme Chancen, unser Leben in vielerlei Hinsicht zu verbessern. Von der Steigerung der Effizienz und Produktivität bis hin zur Förderung eines nachhaltigen Lebensstils hat KI das Potenzial, tiefgreifende Veränderungen herbeizuführen. Es liegt an uns, diese Technologien verantwortungsvoll zu nutzen und weiterzuentwickeln, um eine bessere und nachhaltigere Zukunft zu schaffen.

www.ingramcontent.com/pod-product-compliance
Lightning Source LLC
Chambersburg PA
CBHW050050230526
45470CB00004B/1468